安靜，也可以很有感染力

「気弱な人」の失敗しない話し方

前言

「你覺得呢？」

這是一本為害怕聽到這句話的人量身定做的書。

你也是這樣的人嗎？

明明已經很忙，卻無法拒絕別人的請求。

聚餐時總是配合選對方想吃的餐廳。

不擅長表達自己的意見。

撰寫或寄發電子郵件時，總是不安地多次修改和確認。

因為心思太敏感，容易精神疲勞。

這些都是「內向者傾向」的特徵。在網路上搜尋「內向者」會得到多種解釋，但在這本書中我所稱呼的「內向者」，指的是**因為缺乏自信而過得特別辛苦**的族群。內向者經常把他人的優先順位擺在自己的前面。

職場上常見的狀況有很多，比如工作明明很忙碌，但是聽到「可以幫我這個忙嗎？」時，即便不情願也無法拒絕。換作是一般人，大可以直接了當告訴對方「抱歉，我不是不願意幫忙，但現在太忙了」。可是內向者做不到，往往因為無法推辭而不得不答應。

類似的瑣事層出不窮。偶發一兩次倒無所謂，然而內向者卻是全年三百六十五天，一天二十四小時持續不間斷面對這種情況，光想就令人身心俱疲。更極端的狀況，甚至無法拒絕不合理的請求，例如「簽署高額保單」、「無法拒絕別人的追求」、「被迫做出違反道德的事」，付出慘痛的代價。

不僅如此，總是優先考慮他人需求的結果，也使得內向者越來越迷惘，搞不清楚自己本身想做什麼，導致對將來無所適從，心靈承受著強烈而不明原由的不安。

約莫在二〇一八年，我開始為深受這些困擾的人提供指導與建議。我平時除了擔任演講稿寫手，替企業經營者或政治家撰寫公開演說時的原稿，也提供一般大眾職能訓練的協助，改善公開發表或演說怯場的問題。

一般的情況下，改善緊張怯場並不難，透過訓練很快就能克服。然而最近這幾年，我發現無法靠同樣方式改善的人越來越多。這些人大多都是屬於「內向者」族群。不敢面對人群說話並不是內向者真正的問題，而是**他們在人與人的交流中，一切皆以對方為優先的思維模式**。

於是，為了更有效對症內向者的困擾，我和許多內向者性格的人一起在嘗試與錯誤中學習，尋找能夠立即實踐的談話方式，以及改善因為個性而造成的不安。

經過了好一段時間的磨合，我在這群內向者的身上看到了改變。不僅能夠確實表達自己的立場，也敢拒絕不想接受的要求，甚至成功克服原本唯唯諾諾的性格，為自己訂立目標、充分發揮自己的優勢，在人生的道路上大放異彩。

這本書中所談的，即是從這些過程中彙整而出、效果特別顯著的方式。

我在第一章中，將會具體解釋內向者的特徵，也會討論與內向者非常相似的高敏感族群及依戀障礙。

第二章主要著重在內向者該如何保護自己不受傷害。到了第三章，則是善用內向者特質與人交流的溝通方式，無論在職場或日常生活中都能派上用場。

在第四章我將訪問成功克服內向者困境的真實案例，更具體與大家共同探討內向者之所以辛苦的原因，以及克服障礙後的人生轉變。

最後的第五章，則是克服內向者困境的轉念練習。所謂的「克服」，並非強制改變性格，而是透過養成更重視自己的習慣，來改善在生活上的畏怯。

本書雖然是寫給內向者，但對於感受纖細的高敏感族群也有一定的效果。

想要扭轉內向者或高敏感的性格並不實際。但容易受到他人情緒影響，或是動不動就被光線及聲音嚇到也很困擾。我們需要著手改變的是這樣的困境。

目錄

第2章 卸除人際壓力，圈出心靈的安全界限

第3章　放大感染力，用自己的方式安靜發光

第4章　擺脫內向者困境的經驗訪談

第5章 建構強大內在的轉念練習

第 1 章

在日常中左右為難的內向者

內向者性格檢測表

請勾選符合的項目。

	項目	勾選欄
1	比起自己的想法，更傾向迎合其他人的喜好	
2	不知道自己喜歡什麼	
3	對自己沒有自信	
4	即便面對陌生人也很難拒絕對方的請求	
5	無法指正明顯的錯誤	
6	不敢對別人發火	
7	不知道該怎麼辦的時候會忍不住哭泣	
8	即使是親近的人也不敢對他們提出請求	
9	送出訊息後總是很擔心對方的反應	
10	沒有特別想做的工作或事情	
11	無法在談話中途起身去上廁所	
12	不敢在KTV之類的地方大聲唱歌	
13	不擅長在人群前說話	
14	害怕被別人詢問自己的想法	
15	每天至少要花一小時瀏覽社群網站才安心	
16	一遇到擔心的事情就會立刻上網查詢	
17	買衣服大多會選擇平淡無奇的款式	
18	無法丟棄物品，不然就是會將全部物品一口氣斷捨離	

如果符合項目超過五項，就表示具有「內向者」的傾向。

內向者的生活是無止盡的「為難」

在這一章，我想在開頭先具體說明一下內向者的特徵。

如同我在前言的定義，內向者即是指**「因為缺乏自信而生活得特別辛苦的人」**。

在本章中，我們將探討**內向者對於生活中的哪些情況感到疲憊，是什麼原因造成「為難」的局面**。此外，也會一併了解怯場、高敏感族、依戀障礙者與內向者的關聯。

閱讀時，不妨試著回想自己平時感到困擾的事，對照自身的情況。

總是卡在喉嚨的「拒絕」

「缺乏自信」是內向者最大的特徵。

身處科技不斷推陳出新，人工智慧取代許多工作機會的現代社會，敢大聲說出「我對自己很有自信！」本來就相當艱難。

因此，缺乏自信其實是常態。可是如果沒自信到會影響生活，那可就是大問題了。內向者就是因為沒有自信，生活裡才會充滿各式各樣的難題。

首先，**內向者不擅長拒絕別人的請求**。當聽到有人說「我是為你好」或是「我非常建議你這麼做」的時候，往往因為缺乏自信而不敢提出反對意見。

即使內心隱約覺得「真的是這樣嗎？」「應該有更好的選擇吧？」，仍會因為「也許是自己太孤陋寡聞」「我可能搞錯了」而無法堅信自己的想法。

像這樣「無法拒絕別人」的個性，有時也會讓自己身陷險境。

如果別人只是想借一支筆還無妨，可是若遇到有人推銷昂貴商品、邀請參加奇怪講座、開口借錢，不難想像「無法拒絕」的內向者會承受多少精神折磨。又或者遇到一廂情願的追求者、無法表達想法而捲入麻煩……種種令人身心俱疲的情況。

在生活中不敢拒絕別人其實是很危險的一件事。

在「提出請求」前直接放棄

內向者**不僅無法拒絕請求，也不擅長主動拜託別人**。尤其是面對不熟的人。

舉例來說，假如在服飾店看見特價商品區有一件衣服沒有貼打折標示，心裡想著「如果有打折就買，沒打折就不買」。這時候明明只要詢問店員一句「這是打折商品嗎？」就能解決，內向者卻辦不到。

在這件事情上，「內向者」與所謂性格上的「內向」是類似的狀態——**不擅長積極主動與他人交流**。比起確認那件衣服是否有折扣，內向者更有可能直接放棄購買。

又或者是咖啡廳冷氣太強，一般來說也是告知店員「店裡有點冷，可以調整空調溫度嗎？」就行了，然而內向者多半會忍耐或是離開那家店。

面對熟識的對象也是如此。例如朋友聊得正熱絡時，眼見末班車時間越來越接近，卻不敢說「我該回家了」。有要緊的事也不敢要求調班。

明明是無傷大雅的請求，內向者卻因為無法開口，只能獨自忍耐。

站在人群前腦袋一片空白

內向者**非常不擅於表達自己的意見**。如果在會議中被詢問「你覺得怎麼樣？」就會緊張到一片空白。

但他們並不是沒有想法，而是**心裡儘管浮現出看法，也會覺得「我的想法不值得參考」而無視**，選擇以某人曾說的話，或是配合周遭意見當作自己的回答。

在做簡報或演講這類需要在人群前發表的場合也是一樣。比起自己的想法，內向者會先揣摩他人心中所謂的「模範正解」，然後以此為依據提出意見。可是這些畢竟不是從自己腦袋裡發想的東西，因此即便成果良好也無法建立起自信。

站在人群前總是手腳冒汗，身體頻頻顫抖，腦袋一片空白，不知道該講什麼話。內向者大多都有這樣的怯場困擾，也因此常有內向者來找我諮詢。可是內向者怯場的原因跟一般人不同，所以不適用一般的方式。

普遍來說，克服怯場不是難事。通常上台容易恐慌，只是因為缺乏站在人群前說話

內向者在人群前容易怯場

的經驗。依照我過往的案例，九成以上的人只要接受口才訓練就能輕易克服。

但另一方面，**內向者怯場卻是因為極度缺乏自信**。若是對自己要發表的內容沒有自信，從我的經驗來看，即便練習口才也沒有用處。

想要改善內向者緊張怯場的反應，最有效的方式是直接從心理層面著手。

無論如何都是先反省自己

懂得自省很好，但內向者的情況卻過於極端。因為無論遇到多不合理的情況，也總是忍不住想「這是不是我的錯？」

比如遭到別人惡言相向，即使明擺著是對方無理取鬧，仍會不自覺認為「是不是我應對得不夠好，才造成對方不愉快？」

內向者不擅長追究別人的責任。一般來說，如果能夠在心裡認定「這件事不能怪我」，即便沒有實際開口反駁也能減輕內心大半的負擔。然而內向者在分辨對錯上容易出現盲點，**總是認為對方的言論才是對的**，**千錯萬錯都是自己的錯**。

不管多麼痛苦，仍會忍不住覺得「要怪只能怪自己造成這種狀況」而咬牙忍耐。

可是，一而再地承受如此不合理的壓力，終究會精疲力盡。

就某種層面來說，習慣將所有責任往身上扛的內向者太過於嚴以律己。負責任很了不起，但學會與他人共同分擔名為「責任」的沉重包袱，也是很重要的事。

不知道自己想做什麼

比起自己的想法，內向者更傾向迎合他人的喜好。

因為相當重視與周圍的協調性，將自己想穿的衣服、想吃的食物、想做的事情，所有慾望壓到最低限度，配合身邊的人吃相似食物、穿雷同衣服、過著類似的生活。處處以別人為優先的結果，就是漸漸失去自己的喜好。

舉例來說，內向者身上通常不會出現顯眼的顏色或太時髦的款式，最好是不會引起注意的低調打扮。就算被別人讚美穿著，也會在內心認為「自信的人才適合打扮，我不應該東施效顰」，覺得自己就像整身亮麗單品的大叔，令人忍不住倒退一步。

但儘管心裡這樣想，內向者開朗的外在形象，卻很難讓旁人察覺異樣。久而久之，對於自我的迷惘就會越來越強烈。

有時會突然做出大膽的行動

內向者的精神經常處於強烈緊繃的狀態，因此格外渴望打破僵局。可能會在某一天忽然下定決心，為了改變自己而採取極端行動。例如獨自去國外旅行、接受嚴格的課程、挑戰體能修行等等，尋找改變自我的機會。

不過，能夠因此脫胎換骨的人寥寥無幾。我身邊也有好幾個人參加自我啟發課程後，非但沒有得到任何成長，反而陷入心理與金錢的雙重窘境。雖然也有人因此順利改變人生，但我個人並不推薦這種做法。

內向者的心理狀態跟被霸凌的人很相似，精神面承受很大的壓力。倘若為了讓自己更堅強，**繼續在疲憊不堪的心靈上施加重量，反而有崩潰的可能。**就像感冒發燒還泡冷水澡一樣，只會加速惡化。

內向者的心靈處於感冒的脆弱狀態，**想讓自己重生成堅強的人，需要的是溫暖的被窩，而不是冷水澡。**請先找回身體的活力，再去進行各種挑戰吧。

與內向者相似的性格類型

內向者不一定內向，也未必話很少

統整內向者的性格特徵，粗略而言就是缺乏自信、不敢拒絕、不敢表達想法。很多人聽到內向者，腦中浮現的是獨自窩在教室角落看書、沉默寡言的同學，或是整天沉浸在二次元世界裡，戴著厚重眼鏡，一說話就滿臉通紅、容易害羞的角色。

但所謂的「內向者」，並不是指個性上的「內向」。

當然也有個性內向的內向者，但有很多內向者卻出乎意料地活潑開朗，甚至從外表完全看不出「不擅表達」。

內向者中不乏開朗活潑、人見人愛的模範生，也有從事講師或大眾人物的人。不擅長在人群前發表談話的內向者，只要克服困境，往往能有比他人更出色的表現。除此之外，也有一些內向者會出於想克服自身缺點，故意選擇不拿手的工作，實際上卻為此懊惱不已。

換句話說，內向者很難從外表判斷，因為內向者、善於社交者——這兩者有可能同時存在。反過來看，有些人即使外表看起來文靜內向，卻有著堅定的心靈，能夠確實述說意見，或是用繪畫、音樂等方式來充分表達自我意識。

我們不應該從外在來判斷自己或別人是不是屬於內向者，而是要從內心的自信程度，以及生活中是否因此感到困難的角度來推論。

內向者與高敏感族（HSP）的共通點

近年來大眾開始關注到名為「高敏感（HSP）」的性格傾向。高敏感是美國臨床深層心理學的伊蓮・艾倫（Elaine Aron）博士所提出的一種性格特徵。日本則是在二〇一八年，武田友紀的著作《高敏人的職場放鬆課》（台灣由三采出版）登上暢銷書榜後，民眾才普遍認識這個名詞。如今，市面上已推出許多探討這個主題的書籍，也有不少自認是高敏感族的人在推特或LINE等社群平台上熱心分享資訊。

一般而言，高敏感大致有兩種特徵，其中一個是敏感度，也就是特別容易放大五感所接收到的刺激。

視覺敏感的人走在街上，會接收到各種招牌的資訊轟炸，或是因為超市裡源源襲來的商品標籤、廣告宣傳等訊息而頭暈眼花。不光是視覺，有些人在聽覺、味覺、嗅覺、觸覺等方面也有相同的敏感情況。

除此之外，高敏感族也**容易受到別人的情緒影響**，倘若身邊有人焦躁不安，他們便會在意得無法專心做自己的事，也比其他人更容易察覺到枝微末節的變化，或是經常為藝術作品深深感動。

高敏感族對外在刺激相對敏銳，「容易受到他人情緒波動影響」這一項特徵，與內向者的特徵有部分重疊。

此外，**每當閱讀有關高敏感的書籍或網路資訊時，經常可以看見「缺乏自信」、「無法拒絕別人」、「不敢表達想法」等相關內容。**

許多書籍都有提到這些特徵，例如前面所提《高敏人的職場放鬆課》裡面也有說到：「如果要克服這些難題，那就必須積極把自己放在優先順位，甚至到自己都覺得『這樣好嗎？』的地步。」由此可見，高敏感族在某種程度上與內向者如出一轍。那麼，內向者就是高敏感族群嗎？

內向者與高敏感族的差別

直接從結論來說，內向者並不是高敏感族。

根據由身兼東京大學特別研究專員、日本學術振興會特別研究員PD（博士後研究員）、心理學博士的飯村周平先生所營運的網站「Japan Sensitivity Research」中，針對「高敏感族受到別人請託時是否往往難以拒絕」的提問，答覆如下：

「並沒有相關證據顯示高敏感族有此傾向。這是許多人對『高敏感』的錯誤看法，間接助長民眾將此項特徵貼上高敏感族群的標籤。另外也有人提到高敏感族沒有自我思想，沒有自我主張，事實上也沒有實際證據支持這種說法。」（二〇二二年一月）

換句話說，**在普遍認知的高敏感族特徵中，有關「缺乏自我意識」這一點，其實與高敏感族沒有直接關聯。**

從定義上來看，「高敏感成人（Highly Sensitive Person）或是高敏感兒童（Highly Sensitive Child），都是指對於環境感受性特別高的一種族群類別，也可說

圖一　高敏感族和內向者的關係

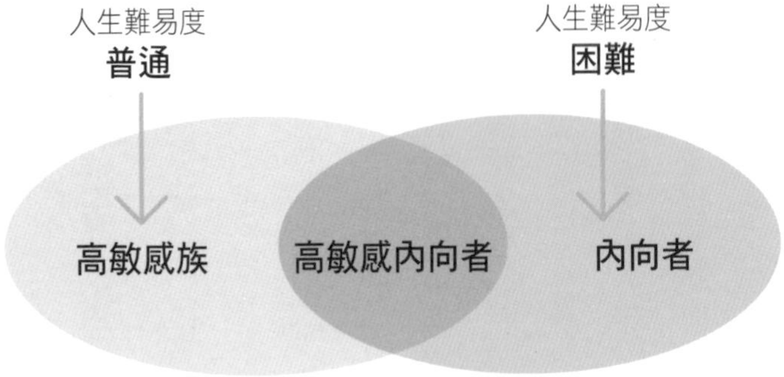

是性格標籤。他們不一定會因此『生活艱困』，只是『**無論好壞都容易受到影響**』。」高敏感一詞只是用於形容對事物的敏感度及影響程度，其中並未包含是否擁有自我主張。

根據這個定義，我們可以在心思細膩的高敏感者及缺乏自信的內向者間，畫出一條明確的區隔線，高敏感者不等於內向者。

那「高敏感族缺乏自信」的說法談何而來？

我以圖一來表示高敏感族跟內向者之間的關係。左邊的橢圓代表高敏感者，右邊的橢圓代表內向者，中間重疊的區域則是同時具有高敏感及內向者特徵的人，我們暫且稱之為「高敏感內向者」。

一般大眾經常誤以為左右兩個橢圓都屬於高

敏感族的特徵，實際上並非如此。

高敏感族不一定會因高敏感而困擾，但內向者多半深受自己的性格所苦。換句話說，高敏感內向者的煩惱並非出於心思敏銳，而是因為缺乏自信導致。既然如此，我們就不能用「積極把自己放在優先順位」這種克服高敏感的方法來解套，而是要尋求擺脫內向者性格的辦法。

在真實生活中，我也親眼見過許多高敏感卻充滿活力的人。

社會上有多少內向者及高敏感族？

據說擁有高敏感特徵的人約佔日本整體人口的兩成，但由於高敏感性格像漸層光譜般沒有明確界線，而且也不是需要醫療介入的疾病，所以不會透過科學診斷來坐實是否為高敏感族。

儘管我們在網路上經常看到有人將高敏感族及非高敏感族分成兩個族群，表示「非高敏感族不懂高敏感族的感受」，但這兩者其實並非對立關係。

說個題外話，我自己也做過網路上的高敏感自我診斷測驗，結果顯示我符合高敏

圖二　對自我認知的相關調查

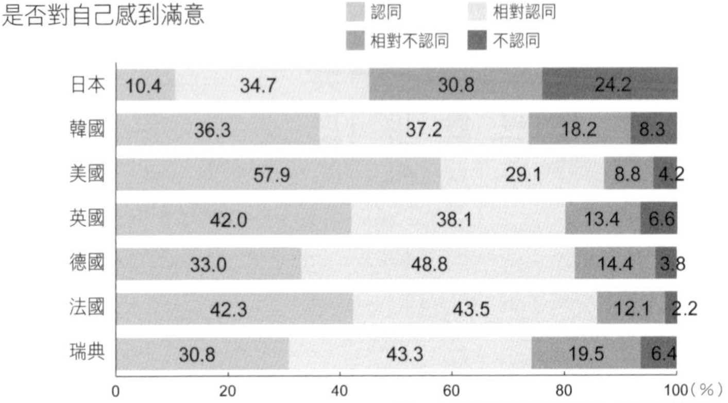

出自：內閣府「各國年輕族群的自我意識相關調查」

感者的特徵，可是我卻從未覺得周圍的人不了解我。不僅如此，公開表示自己是高敏感族的田村淳先生（日本知名男諧星）也曾說過，許多人都理解他的性格也願意給予支持。我想他應該也不會認為別人都不了解他吧。

「沒有人懂我的痛苦」是一種大家或多或少都曾有過的感受，「別人無法理解高敏感者」或許也是相同的意思。

那麼社會上又有多少內向者呢？

雖然不清楚正確數字，但我們可以參考日本內閣府針對國人是否對自己有自信的問卷調查結果。從內閣府於二〇一八年對年滿十三歲到二十九歲範圍內的男女所做的調查顯示，回答「對自己感到滿意」的人約佔四五・一％（圖二）。

從圖表看來，日本有過半數的人屬於內向者預備軍。

雖然還需要更多統計資料，才能深入分析高敏感內向者所佔比例，但是就找我諮詢的群眾來看，同時具有兩種性質、並為此苦惱的人不在少數。若從書籍或網路資訊判斷，或許已經多到會造成社會問題的程度。

內向者與依戀障礙的關係

內向者也可能同時具有「依戀障礙」。

依戀障礙簡單來說，就是指**「因為幼年在情感上的缺乏而導致的人際問題」**。

我們將母親與孩子之間，或是孩童與養育者之間的緊密信賴關係稱為「依戀」。假如依戀關係沒有得到滿足，長大後便很難與他人建立穩固的親密關係。

精神科醫師岡田尊司先生曾在《依戀障礙》（台灣版由聯合文學出版）書中解釋一種名為「不安全型」的依戀障礙症狀，與內向者有極其相似的特徵。

簡而言之，不安全型依戀障礙者始終在意別人的感受，對於遭受拒絕或被人拋棄高度敏感，容易傾向討好他人，或是形成無時無刻想黏在身邊的依賴關係。這部分跟內向者無法拒絕他人，時常造成依賴關係的特徵相同。

另外，網路上常常說「高敏感族大多都擁有『毒親』（常常以愛之名情緒勒索小孩的家長）」，這裡所說的高敏感族應是指高敏感內向者。來找我諮詢煩惱的人裡面，確實有許多人從小接受父母親嚴格的教導。或許是這種嚴厲的教育方針，使得高敏感內向者與不安全型依戀障礙者產生相似特徵。

可是在另一方面，**有些內向者並沒有經歷過依戀感的問題，因此也不能把所有造成內向者性格的因素歸咎於依戀障礙**。

本書介紹的方法，目的是擺脫內向者性格帶來的困擾，而非依戀障礙的治療。雖然依戀障礙者或許能夠藉此改善缺乏自信的問題，但還是建議尋求身心科醫師或心理諮商師等專門機構的協助。

第2章

卸除人際壓力，圈出心靈的安全界限

學會保護自己的溝通方式

如果對每個人的請求照單全收，遲早會超出負荷。所以不擅長拒絕的內向者，**首先要學習的是「保護自己」，避免為了別人的事情而昏頭轉向**。

改變自我不一定要採取大刀闊斧的行動。我們可以學會適合自己的溝通方式，在遇到難以應付的狀況時巧妙脫身，即便無法迴避也能夠請求別人幫忙。

聽到溝通方式，腦海中也許會浮現那種大方闡述己見，侃侃遊說對方購買商品的「行銷話術」。市面上探討話術的書籍也大多是這種積極主動的口才技巧。

以日本搞笑藝人中田敦彥為例。中田敦彥在個人開設的「Youtube大學」頻道以精彩的口條講述各類主題，吸引許多粉絲關注。例如他會將書本上的內容整理成條列式大綱書寫在白板上，輔以幽默風趣的講解，這個方式比起由作者親自解釋，毫無疑問更有趣。

內向者可能會以為，只要擁有這樣的口才就能克服緊張怯場的毛病。不過現實的情況，往往是設下目標也無法輕易達成。更何況，也沒有必要把這個當成目標。

造成內向者困境的原因，不是因為缺乏舌粲蓮花的話術，而是與人溝通時會出現的同儕壓力，在聽到別人說「這是我的想法，你也認同吧？」、「你可以幫我做這個嗎？」的時候，**無法勇於告訴對方「我不認同」或是「我不想做」**。

學會巧妙的話術是一件好事，不過這和克服內向者的困境沒有直接關聯。

在現實生活中也有受歡迎的講師其實是內向者的案例。既然身為講師，當然不僅有熟練的口條，也有能力依照講稿引導在場的聽眾。可是這樣的話術，終究須在有原稿的前提之下才會成立。當身處同儕壓力之中，被要求表達意見或是受到請託時，還是很難貫徹自我意志。由此可見，**勤練話術無助於解決內向者的問題**。

因此，我希望內向者能夠學會明哲保身的溝通方式，而非主動積極的話術。對非內向者的人而言，想必會覺得「這種事只要拒絕不就好了」。

然而這就是內向者無法辦到的事。現在日本甚至還出現可以代替無法說「不」的人拒絕他人的交易，也就是所謂的「代辭職服務」。

根據人資專家所言，最近新進員工使用代辭職服務的現象逐漸普及。我原本猜想「普及」的程度可能是指一百人之中有一兩位，沒想到實際上是一百人之中約有八位會使用代辭職服務。

上一代人大多認為，親口交代事情是一種禮貌。但這種想法似乎已成為過去式。之所以會選擇雇用別人代為辭職，多半是害怕提出離職時對方不知道會說些什麼，亦或者被對方說服而無法順利脫身。

也許在這個時代，無法說「不」的情形遠比想像中還要嚴重。可是溝通代理服務的適用場合有限，我們還是必須擁有保護自己的能力。

從下一頁開始，我將以「內向者常見情境」介紹內向者經常遭遇的為難場面，以及分享如何保護自己的溝通方式。

「逃避雖然可恥但有用」是真的

內向者常見情境

「待會去喝一杯吧！」

「但是我等一下還有事……」

「沒關係吧，走啦走啦~」

「呃，可是……那、

那好吧……」

明明已經拒絕，

卻又莫名其妙答應了。

內向者特別不擅長拒絕，尤其當對方態度強硬的時候。即便剛開始拒絕了，也會因為對方一句「那怎麼可以」、「沒關係吧」而退縮，結果莫名其妙又演變成答應的局面。

如果對方的邀約無傷大雅倒還好。但有時也會遇到無理取鬧的人，比如強迫調整重要的行程，或是要求去做不符合道德標準的事。

這些人有的是明知道對方不願意，有些則是完全沒有察覺到他人委婉的拒絕。

雖說無論哪一種都會帶來沉重的心理負擔，但明知故犯的人相對比較棘手。

這種人的控制慾很強，會將別人當成自己的附屬物，不斷測試其忠誠度，企圖打造出順從的跟班。假如乖乖聽從他的無理要求，將會越陷越深，在精神上節節敗退而無法脫身。某種程度而言，已經可以算是相當危險的精神控制。

內向者多半很能夠體諒他人，總以為對方可能是不了解自己的狀況或感受，如果知道了就不會這樣。然而上述對象往往不是「深明大義」的人，反倒是明知對方不願意，仍故意提出要求。

遇到這種控制狂，無論如何都要走為上策。如果你能言善道也許還能與之抗衡，但身為一位內向者，想要立刻達到這種程度相當困難，就算對方講話狗屁不通，只要被態度強硬地恐嚇幾句，馬上就會嚇得閉上嘴巴。

所以**當你已經表明不願意，對方仍打著「這是為你好」的名號無理取鬧，或是出現類似恐嚇的行為時，就要趕快逃跑**。

在可能的情況下，請立即封鎖對方的聯絡方式。若是在公司、學校、家庭這類無法避開的場合也許只能忍耐，但若發現自己難以忍受時，請實質上「拔腿就跑」，在當下盡可能逃離現場吧。人心相當脆弱。沒有人可以長期忍受痛苦，與其坐等精神崩潰，逃避絕對是更好的選擇。

POINT

遇到無理取鬧的控制狂，請馬上逃離他們。

不是每個人都內建「察言觀色」的能力

「前陣子我看了『哥吉拉VS王者基多拉』，真的太精彩了！」

「我很少看這類主題，好看嗎？」

「你連這個都沒有看過嗎？這次的哥吉拉是哥吉拉龍的突變種，牠擊沉民間企業的核子潛艦之後從北海道登陸，跟未來人操控的王者基多拉戰鬥，結果哥吉拉陷入超艱難苦戰……」

……早知道就不要問了。

被迫無止盡聽一些自己沒興趣的內容。

哥吉拉是因為病毒造成突變而出現的，牠打敗了由未來人操控的王者基多拉─可是牠也在日本大搞破壞……什麼？你居然不知道？這個是常識吧！你太誇張了！

內向者為了避免造成別人不愉快，總是時時刻刻注意他人的需求，做好萬全的應對準備，以免破壞現場氣氛。但這世界上並非所有人都懂得顧慮旁人的想法，**事實上，許多人並不會，或是不擅長察言觀色**。

如果要舉最極端的例子，便是約佔日本總人口數一成，不擅於理解他人情感的ASD患者（Autism Spectrum Disorder，包含亞斯伯格症候群在內的自閉症統稱）。

一般大眾似乎不太了解自閉症患者能夠理解多少情感，以下為轉述自Youtube上的自閉症患者當事人所說的內容：

「雖然無法感受到情緒起伏，但我們知道如何從線索推論結果，例如遇到哪些狀況可以怎麼回應等等。」「看到對方眉毛下垂表示情緒不佳，此時可以針對對方的偏好對症下藥……」

由此可見，自閉症患者無法感受到別人的情感波動，而是以面相表情等外在訊息作為線索，對照大腦內部的資料庫來判斷人的感情。因為無法直覺捕捉他人的情緒，經常會出現解讀錯誤，或是未能察覺情緒變化，無意間踩到對方地雷的狀況。

我曾與養育自閉症子女的母親們對談過。她們總是努力以正向的態度與孩子相處，卻還是時常被孩子的回應傷透了心，只能對老公哭訴「孩子太讓我傷心了」。

而患有自閉症的當事人也不好過，從他們的角度而言，只是說出自己認為正確的事，並沒有任何惡意，為什麼要受傷？他們往往對於他人突如其來的傷心難過不知所措。不能體會情感變化的特質，也造成他們無法辨別客套話跟真心話的差異，只聽得懂字面上的含義。假設有人用嘲諷口吻說「你還真聰明啊！」，他們會以為對方是真的在稱讚自己。

自閉症還有許多其他特徵，我們暫且先以「無法直覺理解情感」、「時常無意識說出傷人的話」、「無法分辨真心話與客套話」這三項為討論重點。內向者跟自閉症患者溝通時，很容易因為這些特徵產生阻礙。

我們要知道，在這個社會上，除了實質上被診斷患有自閉症的人以外，也有**很多人在日常生活中過得跟自閉症患者一樣，天生就「難以理解別人的情感」。**

同樣米養百樣人——我希望內向者能夠在心裡提醒自己這一點。

每個人都有不擅長應付之處，有時候別人聽不懂我們的意思，並不是因為我們的表達能力不好，而是對方缺乏足夠的理解與反應能力。必須先理解這一點，接下來才能夠以「對方聽得懂的語言」進行溝通。

POINT

世界上有很多難以理解他人情感的人，遇到這樣的人時，要懂得理解彼此的差異。

用具體數字杜絕無效溝通

內向者常見情境

差不多想離開了。

「我明天一大早還要上班……」

「我也是耶，一起加油吧！

然後我跟你說～

後來啊～」

奇怪……？

他聽不懂我想說的意思嗎？

內向者很不擅長用話語來表達想法。他們的溝通方式，通常是藉由行為舉止婉轉傳達用意，例如營造想早點離開的氣氛、表現出不感興趣的態度、板著一張臉等等。

可是面對不懂察言觀色的人，這種方式毫無效果。內向者經常表面上客套說YES，內心其實是NO。但無法理解他人情緒的人只會把YES當真。

不僅如此，內向者往往特別受這類人喜愛。因為這些人可能很容易在其他地方碰壁，但即使自己有些無理取鬧，或是做出冒犯的行為，內向者仍會以自己的感受為優先，表現出欣然接受的模樣，看不出他們內心其實非常困擾。

面對不懂看人臉色的人，跟面對控制型的人不一樣。這些人沒有惡意，通常只要明白把話說清楚，關係就能變得更融合。

因此，**跟不擅長解讀情感的人相處時，「數字」是談話的一大重點。**

一般人用完餐想回家會直接說「我差不多該走了」，而內向者習慣透過頻頻查看手錶等肢體動作表現想回家的態度。不懂察言觀色的人無法捕捉到這些細微信號，必須明確告訴他「我現在要回去了」才行。

那開不了口的內向者該怎麼做才好呢？我建議在一開始就設下截止點。在雙方一見面時，就**用具體的數字表明己意，例如「我還要回去準備明天上班的東西，晚上十點要先離開哦」**。一碰面就說清楚，可以避免在對方越聊越起勁後難以啟口。

基本上要告知或委託某些事情時，都建議用數字表達。例如「我想在晚上十點回家」、「早上十一點前給我檔案」、「請寫一篇四百字的短文」等等，試著把要傳達的話都化為具體而明確的數字來溝通。

如果已經表明回家時間，對方還是不理睬，持續說個不停，那可能要注意對方是不是控制型的人。內向者跟控制型的人無法溝通，逃跑才是上上之策。

假如內向者懂得迴避控制型人物，也知道和難以理解情感的人該如何溝通，心理負擔就會大幅減輕。

POINT

面對不懂察言觀色的人，
請試著用確切的數字減少溝通阻礙。

無路可退時請求助第三者

內向者常見情境

自己獨自在房裡發呆。
「上司在工作上處處刁難找麻煩，
如果跟公司投訴後被發現，
上司一定會氣到火冒三丈，
可是我再也無法忍受了，
誰快來救救我……」
害怕找別人商量會被報復，
結果無法向任何人求助。

雖然逃跑比較好，但如果遇到控制型的上司或同事、老師或同學，甚至自己的父母時，就無路可逃了。的確，這種情況往往無法輕易解決。

我曾經有過被霸凌的經驗，能夠切身體會這種無路可逃時的心情。

就學時期我因為跟學校老師的關係緊張，被逼到精神崩潰的邊緣。有一次，我因為功課沒寫好遭到老師破口大罵。一般人被怒罵五分鐘就已經相當衝擊，而老師前前後後花了三小時以上的時間對我厲聲斥責。那位老師似乎非常關心我，口口聲聲說是為我著想才故意嚴厲苛責我。

我當時對於自己沒有達到老師的期許感到相當沮喪，因此甘願接受這些斥責。我以為雖然當下心裡難受，之後也會慢慢釋懷，然後從教訓中逐漸成長。我以為忍耐是自我成長很關鍵的一環。

但是，我的身體卻開始出現意料之外的反應。此後只要在走廊上看見那位老師，我的身體就會不由自主做出反射動作，轉身拔腿就跑。我本來對社交能力很有自信，也自認為能夠跟地位輩分較高的人相處融洽，所以當身體出現強烈的拒絕反應時，我的內心實在非常困惑。

如今回想起來，即便是以「為對方好」為出發點，因為作業寫不好向一個小孩子足足發火三小時，未免做得太過火了。而且一發生事情就大聲斥責的行為，並不是好的方式。我沒有懷疑過老師為我著想的初衷，但我想他非常有可能是「難以理解他人情感」的類型。

理性想想，怒罵對提升個人能力本來就毫無幫助。即便是為我著想，這種指導方式也沒有考量到我的個性，無法因材施教的結果，反而淪為一種精神暴力。

連我這種擅長社交的人都有忍不住拔腿就跑的時候，沒有自信的人更應該迴避來自別人的攻擊。如果跟對方是類似上司與下屬的垂直權力關係，一旦被緊咬不放，就算有再好的社交能力也無濟於事。

想必有很多人會說：「既然那麼煩惱，就直接跟他攤牌呀！」正因為我身處的立場無法這麼做，所以才會為此深深苦惱。不要說孩子時期了，在職場上敢對地位輩分比自己高的人說「你的說教方式不恰當！請在五分鐘內結束」的大人大概也不多吧？何況這樣只會讓對方更生氣而已。

倘若有機會給當時的自己一個建議，我會叫他**去找第三者居中協調**。

有時我們會非常害怕因為尋求第三者的協助而激怒對方。

就像卡通《哆啦Ａ夢》裡大吼著「區區一個大雄竟敢忤逆我！」的胖虎，看到自認低自己一等的人做出反抗行為，有些人會因此暴怒，憤而要求「你給我待在下面，我說什麼就是什麼！」

如果對方驚訝得不知作何反應，則多半是認為「我是為你好才想努力幫忙，你竟然不領情」。但無論對方反應如何，如果在一對一的直接關係中無能為力，走上這個局面也是必然的結果。

在凡事還有改善的可能時，我建議大家還是要採取行動，找值得信賴的第三方協調。因為這種狀況長久以往只會讓心靈逐漸崩盤。當然在比較極端的情況下，有第三者介入時，某些暴力行為也會隨之浮上檯面，令對方顏面盡失。雖然是自作自受，但如果對方有可能因此做出反擊，委請第三方介入調解時就需要找相關機構或法律保護自身安全。最近除了公家機關以外，也有一些民營的非營利組織機構願意提供協助。

若感到自己已瀕臨忍耐的極限，請試著去尋找各種制度管道來幫助自己。

假如經過協調之後狀況反而更加惡化，你就必須考慮實質逃離該環境。換工作、轉學、休學、搬家……暫時與對方保持距離，重新建構彼此的關係。

人生比想像得還要漫長，繞一點點遠路其實不算什麼。**就算對方語帶威脅地說，離開他只會讓你「更淒慘」，那也不過是虛張聲勢罷了。**

為了那些人浪費寶貴的人生，完全是本末倒置。希望大家能夠學會保護自己，試著跟對方保持距離。

POINT

無法逃避或獨力解決時，請向第三者求助。假設連這樣也無法改善問題，就選擇實質性逃跑，跟對方拉開距離。

避免當面溝通反而更能精準表達

內向者常見情境

「客人，這個很推薦喔！」

「嗯，這樣啊……」

「這個保證是最划算的！你覺得如何？」

「那……就這個吧……」

總是立刻就被對方牽著鼻子走。

無論是面對面亦或透過網路，內向者無時無刻都在顧慮當下的氣氛。不過相對而言，內向者在網路上更容易表達想法，最重要的是，這個方式也比較安全。

一般來說，面對面是最不會引起誤會的溝通方式，接著是電話、訊息，溝通難度逐漸遞增。與人當面交談不僅可以觀察到對方的表情或反應，甚至能清楚察覺對方的呼吸快慢，透過各種話語以外的訊息來判斷談話真偽與走向。

但同樣情況換成內向者，順序剛好相反。**從訊息、電話到當面談話，內向者感受到的壓力反而漸漸遞增。**如果選擇以訊息取代當面溝通，精神層面會輕鬆許多。

傳訊息能夠拉開雙方的距離，對不擅長直接了當拒絕的內向者來說，比較不會造成難以挽救的狀況。尤其面對素未謀面的人時更能夠小心謹慎。

以業務為例。業務人員基本上都要親自登門拜訪，因為面對面談話時對方比較不容易拒絕，所以我們才會在無意間購買了一點也不想要的商品，或是保險、基金等高價的消費。如果碰到這類的對象，只要盡量避免見面就沒事了。

假如無法避免當面對話，那就堅持不要在當下立刻做出決定。

社會上常常出現「請你務必現在做決定」的要求，舉凡遇到這種提議請一律回絕。**聽到無法立即回答的任何要求，你只要說「不好意思，我需要一點時間思考，請讓我回家仔細想想再做決定」，照這樣回答即可。**

也許你會擔心因此錯失機會，但我們不妨就索性認定自己沒有能力判斷到底划不划算，所以一概拒絕這類要求。

有些人的確能夠大膽做出決定，開創新的人生，或是擅長以優惠價格購買商品，但內向者也有屬於自己的行事步調。

另外，遇到朋友邀約卻不想去，心裡百般猶豫「我可以拒絕嗎？萬一被討厭怎麼辦？」時，只要傳訊息告訴對方「對不起，我這個月行程比較滿，沒辦法約」就行了。透過這個方法，大多可以安全拒絕。

之所以不說「我那天有事」，是避免對方繼續追問「那你哪一天有空？」，最後又變得難以拒絕。將時間拉長，延緩到下個月的說法，大多人可以理解拒絕的意思，至少對方直到下個月之前都不會再提起。

假如對方再找你時仍然不想去，那就改說「抱歉，我時間還是湊不上，過一陣子再說好了」不著痕跡地拒絕。**如果對方想要先決定日期，就告訴他「我還不太確定到**

時候的行程」，想辦法把事情往後拖延。

「萬一他氣得跟我絕交怎麼辦？」倘若對方這樣就生氣，表示他一點也不尊重你。這種人是內向者要拒絕來往的對象，你應該為自己感到慶幸。與對方斷絕往來後，過一陣子心情就會釋懷了。

POINT

快被現場氣氛催促做出決定時，先回家重新整理思緒再以訊息回覆。不想去的邀約，以拖延時間的方式委婉拒絕。

拋開正確解答，成為重視想法的人

內向者常見情境

「完成了！」馬上送出訊息！
訊息送出後一直沒有收到回覆。
「奇怪……是不是我表達得不好？
我太白目了嗎？
會不會惹人家生氣……」
送出訊息後總是擔心對方的反應，
不安地睡不著覺。

內向者在人前發表談話時，時常因為強烈的緊張而怯場。**他們的緊張主要來自於害怕說錯講稿的心理壓力**。其實講錯幾句話也沒有關係，並不會有聽眾因為講者沒有照稿演出而生氣。即便如此，內向者依然無法擺脫「絕對不能出錯」的束縛。

既然有「出錯」的想法，表示他們認為世上必定存在「正確解答」。這種認為凡事都有對應解答的思維稱為「唯智主義（Intellectualism）」，大家對這個用語可能不太熟悉，本書會以「重視正確解答的人」來代稱。

當問題具有相對應的答案時，重視正確解答的人會感到安心，而面對沒有正確答案的情況，他們就會憂心忡忡，並且永無止盡地尋覓解答。

舉例來說，禮儀就是一種正確解答的文化。法式餐廳的餐桌禮儀都是從外側開始使用桌上擺放的各式湯匙及叉子。了解這項規定之後，就能放心用餐。

然而，此類禮儀作風或規矩慣例會隨著時代出現明顯的改變。

比如在不久之前，大家認為穿著西裝以外的打扮上班是沒有禮貌的行為，但近年來，除非特別保守的企業，大部分公司都允許員工穿著稍微輕鬆一點的休閒服裝。

其他像是鞠躬的角度、談話用詞、信件訊息的寫法等等，近幾年來已經逐漸轉變成完全不一樣的風格。

我們正處於一個解答逐漸模糊化的世界。在這個答案不斷變動的社會，堅持跟周圍的人採取相同行動非常困難。對於重視正確解答的人而言更是個災難。

如果把不可以破壞氣氛、不可以讓對方感到不愉快當成正確的做法，實在是很為難自己的舉動，因為我們本來就很難預料怎樣的行為會惹對方不開心。

以前我曾經寫過一篇講稿，內容是關於一對結褵多年的夫婦所遇到的難題。

那位丈夫說：「我買了太太最喜歡吃的草莓蛋糕回家，以為她會很高興，結果不知為何她一點也不開心。於是我便問她：『怎麼了？妳不是最喜歡吃草莓蛋糕嗎？』沒想到她卻回答：『你為什麼要買蛋糕回來！我昨天才決定開始減肥耶！』這種事我哪知道啊！」

由此可見，**即使是結婚多年的夫妻也無法猜透對方的心思**。我們唯一能做的，只有採取對方「可能」會感到開心的舉動，而對方究竟會不會因此覺得開心，唯有嘗試過後才會知道結果。

如果將正確解答掌握在對方手中，中間便會增加數不清的變數。我們得像大海撈針一樣，猜測對方的各種反應，而且無論多努力思考，也找不到直通答案的道路。

我們需要的不是尋覓解答，而是將界線劃分清楚，做好自己能力所及的事，其他交給對方自行決定。這就是精神科醫師兼心理學家的阿爾弗雷德·阿德勒所提出的「課題分離」理論。

換句話說，這是一種生活態度。如果是自己能夠付出的努力就盡力為之，至於其餘沒辦法做到，或是繼續想也無濟於事的事情就別放在心上了。

從這對夫妻的故事來看，「為了讓太太開心而買蛋糕回家」屬於男方的個人努力，而太太會不會開心就要看太太自己本身了。

丈夫當然想看到太太因他的行為感到開心，不過如果努力沒有獲得期待中的結果，那麼就放開心胸，了解有時候也會遇到這樣的情況，大方接受事實。這樣一來，往後依然會願意繼續努力，希望能為妻子帶來快樂。

在「結果和過程哪個比較重要」的討論中，往往認為社會人士應該重視結果勝於一切，必須對數字抱有責任感。

可是換成內向者的立場，反而**應該養成「過程勝於結果」的習慣**。

不要鑽牛角尖想著正確解答，好好重視個人想法。這種心態稱為「唯意志論（Voluntarism）」，本書將以「重視想法的人」來代稱。

重視想法的人會這樣想：

「我不知道自己能不能帶給你幸福，但我會為了讓你幸福而持續付出努力。」

持有這種觀點，我們就不會再糾結於結果，能夠擺脫被結果控制自我的情形。從重視解答變成重視想法的一小步，是內向者克服為難處境的一大步。

POINT

與人相處沒有正確解答，
不要糾結於結果，
好好珍惜自己嘗試付出努力的心意。

能言善道不是內向者的目標

內向者常見情境

翻開說話技巧的相關書籍。
「原來如此……
打招呼時要面帶笑容，
講話口齒清晰，丹田有力，
從日常生活的話題切入……」
書中提到一堆注意事項，
現實中卻派不上用場。

大家早安！
要有笑容……
手勢……
口齒要清晰……
那個……
這個……
說話技巧課

探討說話技巧的書籍，經常以主播當作範例。也許是因為發音清晰、聲音明亮、給人真誠印象等社會偏好的形象，大多與主播的特質不謀而合。

日本在一九五〇年代出現許多以群體就職的方式，大量從外地到東京工作的人。因為地方性的方言會造成溝通的隔閡，這些人必須學習通用的禮儀及說話方式。當時有相當多主播開設說話技巧的相關課程，指導全國通用的標準語。或許是這個原因，讓人們至今依然將主播視為說話技巧的學習典範。

主播非常擅於利用聲音傳遞資訊，但這是經過嚴格訓練鍛鍊出的技巧。雖然很有魅力，但我實在**不建議內向者將主播式的說話技巧設為目標**。慣於依賴正確答案的內向者，如果試圖模仿蘊藏無數「技巧」的主播式說話法，反而會因為無法如預期般表達而壓力爆棚，更加喪失自信心。

說話技巧並沒有正確答案。蘋果的前執行長史蒂夫・賈伯斯進行簡報時總是會放慢節奏，適當做出停頓；搞笑藝人中田敦彥先生會以輕快的節奏，滔滔不絕講述內容；因介紹各種魚類生態知識的《魚魚魚！魚君請回答》一書而廣為人知的魚類學者兼藝人魚君，則習慣以高音調的聲音連珠砲似地說話。儘管他們的講話模式和一般大眾所崇尚的低音緩慢方式完全相反，卻更能帶給聽者知性與親切感。

每個人都有屬於自己的表達風格。

透過反覆自問自答以釐清個人想法，讓自己在表達的過程中看起來充滿肯定。重視想法的思維在這一點也相當重要。比起在他人身上尋找正確答案，持續思考能夠確切表達想法的方式更為重要。

我們必須明白**「沒有正確答案」才是正確答案**。請認知這一點，並試著放鬆心情。一旦覺得自己可能做錯了，就會因為失去自信而越來越小聲。如此一來，即使透過發聲練習，學會發出響亮聲音的方式，結果仍會因為沒有自信而不敢大聲說話。

POINT

說話方式沒有正確答案。只要透過自己的話語來表達，必定能夠傳達給對方。

自信心只要先演出來就好了

內向者常見情境

明天公司開會時要做簡報。

「這個是最好的嗎？

但這個方案好像比較好？

不行、不行，先等一下……

是不是還有其他更好的方案……？」

總是無法對自己的想法抱持自信。

遇到不知道答案，或是根本沒有正解的問題時，內向者經常因此委靡或慌亂。

看著有些人鏗鏘有力敘述己見，心底不禁浮現「我沒辦法像他那樣自信滿滿」的挫折感。但其實不然，就算沒有自信，也可以表現得自信堅定。

準確來說，**說話胸有成足的人，不一定真的充滿自信**。

我平常的工作是幫普遍認知為成功人士的領導者撰寫演講稿。從與他們的相處過程中，我發現無論外在表現多麼得體的人，私底下也是時刻都在煩惱及苦思。「這樣說好嗎？會不會造成反感？」他們面對群眾發表演說時，內心也同樣充滿不安。

就連擲地有聲的領導者，也不如表面上那麼篤定，只是「外表」充滿自信而已。

許多內向者畏縮的原因，是不知道自己提出的說法是否正確，因此拿不出自信。

一般來說，工作可分為制式性和創造性兩種性質。例如超市收銀的工作經過標準化，已經有明確的步驟流程，就是屬於制式性的內容。

另一方面，有些工作每天都要做不同的事，不斷挑戰未知的新項目，這就是具有創造性的工作。

這兩者也會同時並存。比如超市收銀是制式工作，但為了「討客人歡心」而舉辦聖誕節特惠活動，或是冒著虧損風險推出跳樓大拍賣就不屬於制式工作了。因為有許多方法都可以達成同樣的目標，「讓客人感到開心的方式」並沒有唯一的解答。

當一個人需要提出自己的想法，基本上就屬於創造性質的工作。這種工作向來沒有單一解答，充滿令人不安的變動因素。

無論是怎樣的成功人士，每一個人都是在不安的假設中，拼命說服自己相信腳下的路，才能勇往直前至今。因此，**我們不需要因為「對答案的不確定性」而悲觀或喪失自信。**

大家都是沒有自信的人，只是強迫自己「表演」出指揮若定的樣子。如果說話者慌亂不安，聽者理所當然會產生不信任感。我們需要的不是百分之百肯定的自信，而是「表現」得好像很有自信的樣子。

POINT

再傑出的領導者都沒有絕對的自信。
不需要勉強成為一個有信心的人，
能夠努力演出從容自信的樣子也很好。

説話方式的自我練習

接下來我要介紹如何以最短的時間，學會看似從容不迫的說話方法。

正規來說，應該從發聲練習開始做起，透過長期訓練獲得顯著成果，不過這些穩扎實打的方式就交給其他書籍來說明吧。本章節要介紹的是快速進步的祕技。

其實方法非常簡單。先到Youtube等網路平台多瀏覽演講等說話相關的影片，找到自己嚮往的影片後，透過模仿對方的發音、講話方式、呼吸及停頓時機，漸漸掌握表現自信心的方法。這個方式並不是要鍛鍊模仿功力，所以不需要練習到一模一樣。

只需要注意三個重點，等練習一段時間後，再錄影確認是否達到效果。

練習重點1　聲音與節奏感

請先研究對方的聲音表現方式，比如「聲調是高還是低？」、「語調溫和還是強而有力？」、「嗓音清晰明亮還是低沉沙啞？」、「說話速度是慢還是快？」等等，並且試著模仿對方的聲音特徵。

練習重點2 停頓點

停頓是充分展現說話者性格的關鍵要素。信心十足的領導者進行簡報時，總是會加入許多停頓點。如果模仿以擅長發表簡報聞名的史蒂夫・賈伯斯說話時的停頓方式，善用長達數秒的沉默時間，你將會吃驚地發現整體步調竟能如此舒緩自在。而聽漫才（類似相聲的喜劇表演）時，你也會驚訝於他們極短暫快速的停頓點。不妨試著分別練習緩慢與快節奏的停頓方式。

練習重點3 肢體語言

最後一項重點是肢體語言。經常有許多人跟我說，不知道演講或簡報時自己的手應該擺在哪裡。這一點也能透過模仿立刻學會相關技巧。

手部動作的作用基本上是賦予說話節奏，以及指示物品或表現某種形象。只要學會運用手勢，就會讓一個人看起來足夠有自信。知名演講者更會運用到腳趾頭的神經，透過全身的肢體語言來表達。

說話方式有很多種類型，可以表現得活力飛揚，也可以不急不徐。等到學會某種程度的手部動作，再試著進一步模仿運用到全身肢體的表現方式吧。

聲音與節奏感、停頓點、肢體語言——只要練習這三個重點，身體就會慢慢理解何謂充滿自信的表達方式。

第一次觀看自己側錄的影片時，可能會震驚地發現自己相差甚遠。不過，只要重複誇張地表現，大聲地模仿，便會越來越接近自己理想的表達方式。

模仿是用來加強多樣化的表現能力，不需要刻意把模仿過程中學到的要素融入日常的對話中，身體也會漸漸記住練習時的感覺，自然改變說話的方式。

第3章

放大感染力，用自己的方式安靜發光

克服內在恐懼，破除溝通隔閡

迴避與人當面對話也是一種方式，但現實生活中不可能徹底避開所有的交談。因此我想在本章分享即使面對面也不會被氣勢壓垮，能夠充分傳達本意的方法。內向者在對話時最常遇到兩種困難，分別是需要「拒絕」及「提供意見」的時候。

前面章節已經討論過拒絕的方式，緊接著面臨的問題，就是「提供意見」。很多內向者告訴我，只要有人突然要求他們提出想法，他們的大腦就會瞬間刷白，尤其遇到社經地位高的人，腦袋更是無法運轉。這樣的情況屢屢發生，而且越急越說不出話，只能厚著臉皮尷尬等人出聲救援。

但令人意外的是，社會上有許多傑出的講師或學校老師，其實都是內向者。內向者的觀察力敏銳，只要能夠克服心理的障礙，反而更能夠妥善分析並掌握脈絡，明確提出方案。因此擔任需要提供想法或是指導別人的職位時，格外具有影響力。

提升感染力的溝通五步驟

接下來，我們將介紹更能發揮內向者優勢的對話方式。

內向者通常對於細微的變化具有敏銳的觀察力，因此有時看到對方雙手抱胸，或是露出不悅的表情，就會開始在意對方的態度而無法專心說話。不僅如此，碰到自己的意見被對方批評、反駁時，也時常陷入恐慌。

如果試著用各種說法打圓場，對方的態度依舊沒有改變，內向者便會感到不知所措，最後腦袋呈現一片空白，一個字也說不出來。目光忍不住四處遊移，試圖尋找救援，手腳不停顫抖，不自覺提高音調。

為什麼內向者會出現這種茫然失措的反應呢？

人類是一種非常在意他人批評的生物，甚至有人認為與其名譽受損還不如一死了之。因網路世界的酸民言論而痛苦自殺的案例更是層出不窮，可見受到他人批評的確是令人十分難以忍受的事。

對內向者而言，提出意見也等於是向對方展現自己的能力。若是提議不夠出色，就會讓對方覺得「這個人毫無內涵」。**在會議上不敢大聲提倡個人主張的內向者就是這樣的狀態，彷彿眼見自己的評價正在崩落，試圖挽救卻徒勞無功。**四周朝自己投來的懷疑目光，使得內向者沒辦法繼續開口堅守立場，在談話的半路就自行脫離主要跑道。

有什麼方法能夠解救這種精神折磨，讓內向者找回心靈的平靜呢？

第一個方法是**索性放棄**。既然提出的內容無法令對方滿意，那下次再加把勁就好，不必拼命替自己找台階下。如果已經盡了人事，剩下的事情就聽天由命吧。決定權握在對方手上，我們再怎麼勉強配合也沒有用。只要心裡不糾結，自然不用承受強烈的壓力。

話雖如此，這就跟「失戀沒關係，下一個會更好」的情況一樣，我們知道這個道理，但仍然會受到被甩的打擊。可以的話，當然也想尋求避開壓力的方法，延續和對方的談話，而且必須是內向者也可以辦到的做法。

事實上真的有符合這種條件的溝通方式。相當簡單，只需把說服對方接受自己想法的過程分成五個步驟，然後按部就班表達意見即可。

因為看不到前進的方向，我們才會在談話途中迷航。所以只要設立明確路標，我們就可以輕易回到正軌，朝目標終點邁進。

內容很簡單，總共只有五個步驟而已，讀過一次或許就能夠記住了。接下來就依序來詳細說明吧！

第一步 製造共鳴　透過提問激發好感度

第一個步驟是「製造共鳴」。我們常常聽別人說「有共鳴」、「有同感」，但實際上到底在什麼情況下會使用這個用詞呢？

舉個例子，假設你在假日跟朋友去咖啡廳聊天，剛好聊到下述內容：

「前陣子我第一次去那條巷子的餐廳用餐，我覺得好好吃喔！」

「我知道那間店！真的很好吃呢！」

像這樣「彼此擁有同樣想法」的感受就稱為「共鳴」。

共鳴具有程度深淺之分。如「今天真冷」這類的天氣話題，就是屬於每個人都會有相同感受的淺層共鳴。而深層共鳴則是僅有特定對象才會有的感受，例如：「你也懂這個歌手有多棒嗎？真是太感動了！」。

基本上，當雙方擁有深層共鳴的時候，會產生比較愉快且親密的關係。相反地，如果兩人之間共通點太少，距離就沒辦法變緊密。

人往往會認為越親近的人說話越有說服力，碰到與自己不親近的人推薦任何事物時，通常都會先產生懷疑。

以電影話題為例。假設你是個喜歡愛情電影的人，有一位你覺得合不來的男性推薦一部據他所言非常有趣的電影，片名叫做「超級機器人大戰」。此時，你多半會表面假裝有同感地回應：「哇，好像很有意思！」實際上卻不會去看那部電影。

而相同的情境，把對方換成一位與你興趣相投的人，你們曾經一起熱烈討論在Netflix上看過的影集。當這個人對你說：「這部電影也有很多愛情電影的元素喔，『超級機器人大戰』真的非常好看，你就當被我騙一次，去找來看看吧！」你會不會因為他的推薦，決定試著去看看呢？

姑且不談電影是否真的有自己偏好的元素，從上述例子就可以明顯看出，跟自己親近及興趣相投的人說的話，比其他人口沫橫飛說一大堆更具有說服力。

所以我們要提供某些想法時，**可以在切入正題之前，先聊一些能產生共鳴的內容，或是引導對方提起相關話題，接著再將話題帶入自己要提議的內容。**

實際上該怎麼做呢？其實就是打招呼跟閒聊而已。

在台上演講或做簡報時，有一個稱為「破冰」的環節。這是融化現場緊繃的冰凍氣氛很重要的一步，每一位優秀的演講者都很擅長破冰。這個方法在日常的交談上也適用，社交能力強的人通常也很懂得如何巧妙破冰。

有效破冰的其中一個手法，就是找到彼此共同的經驗。一般對談和演講不同，比起講述關於自己的話題，藉由向對方提問、找出雙方的共通點更能圓融對話。當附和對方說出「那真的很棒呢！」時，雙方之間就產生了連結點。

不同情境適用的提問內容千變萬化，下面我們先假設對方是初次見面的人。

提問時只要照著5W1H依序詢問對方即可，5W1H指的是——Who（誰）、When（何時）、Where（在哪裡）、What（做了什麼）、Why（為什麼）、How（要怎麼辦到）。

比如主動詢問「你從事什麼工作？」（What）。對方通常會回答「我是做某某職業」，這時就可以尋找彼此在工作上的共通點，例如「你的工作很棒呢，其實我學生時代也學過一點皮毛」等等。如果對方聽完接著反問「你學過哪些？」，表示你成功打開了一個話題，可以進一步往下深入討論。

此時提出任何問題都無所謂。假設問對方「你是哪裡人？」（Where），而對方回答說「我是山形人」，就算跟山形沒有任何交集也別輕言放棄，可以改從正面的印象來切入主題，例如「山形產的米很好吃」等等。這樣一來，若對方回答「是啊，山形的米真的很好吃」，就能順利延續話題，雙方多少產生一些共鳴，讓關係變得比較親密。

你也可以問對方「你是什麼時候來到這邊？」（When）、「你有哪些一起共事的人？」（Who）、「為什麼會這樣？」（Why）、「你是如何辦到如此困難的事？」（How）……透過這些提問，從對方的回答中找到彼此有共鳴的連結點。

這種利用提問激發共鳴的技巧，也適用於原本就認識的對象。例如「最近過得如何？」、「那件事後來怎麼樣了？」等等……我們的唯一目的是透過這些問句，與對方產生或多或少的共同感受。這是很基礎卻相當有效的談話技巧，建議大家積極活用這個方式，跟各式各樣的人培養良好交情。

若可以勾起彼此的共鳴，必定可以輕鬆打開話題。

POINT

透過 **5W1H** 的提問尋找雙方的共通點，產生共鳴後，就可以更輕鬆進入主題。

第二步 提升信賴

關鍵字是「提供給你參考」

在溝通的五個步驟中，第二步「提升信賴」是最重要的一步。因為**就算不擅長表達，只要順利建立起信賴關係，對方依然很有可能接受你的提議**。

我曾經碰過這樣一件事。有一位女性希望成立公益團體，在幕款活動上向大眾宣傳理念，當時我也是在場的一員。老實說，她的表達毫無邏輯，我常常聽不太懂她想說的意思，但是她的熱情與實際成果感動人心，現場的人紛紛舉手表示願意贊助，我也是其中之一。

即使聽不太懂她說話的邏輯，但我相信她一定會言出必行，所以還是願意支持贊助。因為一個人不斷付出真誠努力的事實，足以凌駕表達能力的不足。

另一個案例是某位打算創業的男性。就在他試圖說服一位資產家投資他的事業時，對方在酒席間開玩笑說出：「你住在福岡吧？下次你騎腳踏車來我的東京辦公室找我，我就贊助你。」沒想到他把這句話當真，從福岡騎著腳踏車到資產家位於東京的辦公室，最後也因此順利爭取到對方出資。這個案例之所以能夠成功，正是因為對方相信願意做到這種程度的人必能達成自己的目標。

提議內容本身固然重要，但是**建立值得信賴的關係更是核心關鍵，如果你在對方心中是個值得期待的對象，自然會答應你的提議**。這也是為什麼遇到陌生人推銷，就算對方說得頭頭是道，也不會一下子就放下戒心的緣故。

雖然行動力是讓對方產生信賴感的一大重點，但所說的話也相當重要。**其中最關鍵的一點就是「理解對方」**。沒有比站在對方角度說出的話，更有感染力的話語。若對方認為你能夠體會他的煩心處，自然會想找你商量解決辦法。這對於擅長揣摩他人心思的內向者來說，反而是最能發揮所長的一點。

假設有一位成績始終落後的人提到唸書的煩惱，可以用過往的類似經歷回答，例如：「明明努力唸書成績也沒有變好……我之前備考的時候也吃過很多苦呢。」聽到這樣的話，對方便會覺得「這個人能夠理解我的痛苦」而放鬆戒備。

不過，如果遇到無法體會的狀況時，千萬不要在嘴上敷衍附合「我懂你的痛苦」，這樣反而會讓對方認為「這個人根本不懂還裝懂！」留下負面印象。

「理解」可以立即拉近彼此的距離，相反地，如果對方發現與你雞同鴨講，也會漸漸離你而去。因此本步驟是整個過程中最重要的一環。

首先，我們要耐心傾聽對方說話，然後把他所說的內容替換成過往的經歷，表達自己能夠理解對方的心情。

這是以彼此擁有相同經驗為前提，如果運氣不好，遇到沒有同樣經驗的時候，該怎麼應對？這種情況下，請以「類似經驗」來繼續話題吧。

例如可以說：「雖然我在考試時沒有遇過太大的困難，但我也有過類似的經驗，以前有一陣子我的工作業績一直無法提升……」藉此延續話題。

不必真的有相同經驗，只要提出「類似」的經歷，讓雙方產生共同話題來建立共鳴即可。順帶一提，也不一定要拿自己當例子，可以用「我曾經聽說類似情況」的說法，分享其他人的經驗。

假如對方開始對你說的話感興趣，就進一步深入討論，提供方法給對方「參考」。

「你要不要聽聽我（或是某個人）當時提升成績的方式當作參考呢？」

若到目前為止，談話雙方已經建立起共感關係，對方一定會點頭附和。此時便可以藉由分享如何解決煩惱的經歷，繼續強化彼此心靈上的連結度。

透過理解對方的煩惱，有助於建構對方對自己的信賴感，產生「他如此了解我的煩惱，也許真的可以幫我解決問題」的想法。

如果談話時無法體會對方的煩惱，講話牛頭不對馬嘴，也千萬不要隨便附和或是急著轉換話題，先用心聆聽對方所說的話，試著從對方的角度看事情吧。

POINT

耐心傾聽對方說話，並分享自己的類似經驗，以此延續話題。

第三步 共感建議 與對方站在同一陣線

終於要進入提出建議的步驟了。聽到「提議」兩個字，或許會立刻聯想到職場話術，其實除了工作以外，在戀愛或請求朋友幫忙時也都可以派上用場。

「提議」主要可分為下列三個階段。

①確認對方是否有意解決煩惱
②說出自己的解決辦法，一起思考可行性
③提出佐證

①確認對方是否有意解決煩惱

經過第二個步驟之後，如果你已經十分了解對方的煩惱，接下來只要問他：

「我有某某經驗，你要不要試試看？」

實際例句如下：

「後來我想出一個很好的學習方式，你要聽聽看嗎？」

「我找到一家好吃的餐廳，你要去嗎？」

「我整理好客戶的需求了，你需要一份嗎？」

就算是內向者，也可以用「我有某某經驗，你要不要試試看？」這句話自然表達意見。若是採取「我們一起去吧」這種主動邀約的方式開口，對內向者來說困難度比較高，但只要換成詢問意願的形式，向對方提出「你要不要試試看？」，就能避免好像在拜託別人的心理壓力。

此時對方若感興趣追問「那我該怎麼做？」，就可以更具體說明自己的建議。由於我方是回應對方的要求接續話題，自然比較容易開口。

若對方感覺興致缺缺，原因可能是他並非真的想要解決問題，或者是你尚未得到他的信任。

從業務談判技巧的角度來看，遇到對方沒有意願解決問題的情形，通常會指明放任後可能帶來的嚴重影響，說服對方認真面對問題。也就是說，透過帶有威脅性的話語激發對方的危機意識。

但是內向者不需要這樣。內向者並不擅長以威脅的強勢方式溝通，也沒有必要勉強這麼做。

假如對方不信任你，有可能是還沒有建立起足夠的共感關係。請回到前一個步驟，重新建立雙方之間的「共鳴」與「信賴感」，挽回溝通上的頹勢。

打好足夠堅實的信賴基礎後再進入第三步驟，提出「我有這樣的經驗，你要不要試試看？」重新確認對方的意願。

②說出自己的解決辦法，一起思考可行性

「提議」的第二階段是說明如何解決煩惱。

在雙方沒有共鳴的情況下，不夠明確的提議很有可能遭到拒絕，但到目前為止，對方大致上對你的想法很感興趣，所以只要平淡說明事實就好了。若是解釋得不夠清楚，對方也會主動提問。

更進一步地說，當你和對方已建構起穩固的關係，就算提議遭到反駁，也不需要感到失望。

一般而言，提議者與接受提議者的立場通常是涇渭分明，屬於「提供服務者」與「客戶」的關係。在這種關係下提出建議被否決，就好像提案失敗一樣令人挫折。

然而，如果按照本書前面所說的內容實踐，以彼此的信賴感作為溝通的基礎，此時與對方之間已建立起良好的關係，形成一種「攜手解決煩惱」的同伴意識。**願意設身處地去體會對方煩惱的你，並不是制式的服務提供者，而是有如一位朋友，是陪伴對方思考解決辦法的存在。**因此，即使提議不完善也無所謂。

若對方提出「這好像不太合理」的異議，你可以站在對方的立場思考後回答：「原來如此，的確也可以這樣解讀。」然後修正自己的問題點，重新提出「那換成這樣如何呢？」的新想法。

如果對方也認同這個想法，便可以進一步探討話題。若對方仍有疑慮，就重複表示：「這樣啊，你說的也沒錯，要不然……」持續提供新的建議。

就算無法當場想到好點子也不用緊張，與人對談不一定要在當下結束。

你可以告訴對方「我回去想想看」，先好好思考之後，再向對方提出建議。絕大多數的情況，對方最後都會說「我想試試看」。

如果是「提供服務者」與「客戶」的關係，肯定不會得到這種結果。只能像機器人一樣，忠實聽從「我不喜歡，我覺得你應該這樣做」的強制命令。

到目前為止，大家應該已清楚了解到「共鳴與信賴」對於提議有多麼重要。請千萬別忘記，**你跟對方並非互相對立的敵人，而是要一起解決煩惱的伙伴**。

③提出佐證

這個步驟是用來排除對方的不安。因為就算腦袋明白其中道理，心裡難免還是會憂心忡忡。

我們可以參考在藥局買藥的情境，或許更容易理解。

當我們去買藥品時，通常不會一字一句仔細閱讀說明書，深入了解藥品為何起效用。比起看說明書，我們更傾向以評價好壞、藥局是否值得信任之類的外在形象作為購買依據。**儘管使用說明很重要，但那也不過是促發人們採取行動的因素之一而已**。

所以我們必須透過別人對此的想法、後來造成的結果等事實，傳遞「這樣做絕對不會後悔」的訊息。你可以告訴對方：

「我有實際的證明。」

一說完這句話，必須緊接著提出具體事證，如實際成果、數字、客戶回饋的心聲……這些都可以作為憑據。例如：

「那家餐廳很棒喔，我上次帶客戶去，他吃得非常開心。」（客戶回饋的心聲）

「使用這個軟體作業很輕鬆喔！我實際使用過，後來預約件數從一天兩件增加成四件。」（實際成果和數字）

只要能提出「具體證據」來佐證，即使說明不夠周密，仍會有很多人願意嘗試。

POINT

用「你要不要試試看？」的問句確認對方意願。站在對等的關係，一起思考解決辦法，再以「實際證明」排除對方的不安。

第四步

讓出決定權　用「你覺得呢？」延續對話

接下來終於要進入請對方答覆的最後階段了。這個決策瞬間總是讓人非常忐忑不安，害怕提出條件後會遭到拒絕。

不過這個問題並不難解決。假如前面按部就班照做，此時對方應該處於想知道後續該如何處理，正在等待你回答的狀態。

他可能會主動開口問你「我該怎麼做？」、「這樣的話費用是多少？」，只要照實回答，然後靜候對方給出最後答覆即可。

假如對方沒有提問，我們也可以像這樣提出反問：

「你覺得呢？」

僅憑這句話，就可以達到催促的目的。在商務場合可能會出現這樣的對話：

「原來這個東西評價這麼好。」「是啊，您覺得呢？」「那我考慮看看吧，請問費用是多少？」

如果是邀約聚餐的情境，應答就會像這樣：

「原來那家店這麼棒。」「對啊，那你覺得呢？」「好，我們就去那裡吃吧。」

比起用「請問您要購買嗎？」，反問對方「你覺得呢？」相對容易許多。

問完這句話之後，有時會因為條件不吻合，導致雙方必須進一步交涉的情況，可能也會碰到人家提出「你請客我就去」或「不能再算便宜一點嗎？」的任性請求。

面對這種情形，如果內心有一絲一毫的抗拒，那就不要當場做決定，選擇暫時撤退，之後再回覆即可。倘若不這樣做，很有可能因為屈服於現場的壓力，被迫答應對方的要求。

「不好意思，我仔細思考過後還是覺得有困難，因為……」等回去之後，再用電子郵件或簡訊提出明確的拒絕。不要害怕前面的溝通努力付諸流水，只要雙方有足夠緊密的共鳴，當條件吻合時對方必然會接受你的提議。

假設最終沒有達成共識，下次見面再從培養共鳴感的第一步驟重新做起。只要雙方建立起共感關係，之後肯定有機會取得共識。

如果無論怎麼勸說都無法成功，或是持續遭受拒絕，那就果斷放棄吧。雖然有些人很擅長挽救劣勢，但內向者沒有必要強迫自己這麼做。

POINT

只要問對方「你覺得呢？」就可以結束話題。遇到不合理的要求時，先撤退再答覆。

第五步 儲存信賴 屬於內向者的自我推銷

目前我們已經談完前四項發揮內向者優勢的提議步驟：

「製造共鳴」→「提升信賴感」→「共感建議」→「讓出決定權」

更白話一點來說，就是和對方培養感情、傾聽他的煩惱、說明自己的想法，最後讓對方自行判斷。

照著這個做法，內向者不僅能夠發揮自己擅長觀察的優勢，也能避免承受太多壓力，自在提出想法。如果在某個階段遇到阻礙，就回到第一個步驟，重新培養共鳴，拉近雙方距離，進一步了解對方的煩惱，事態自然就會出現進展。

不需要光靠自己的力量說服對方。照順序執行步驟，事情就會慢慢向前推動。

不過，這還不是最後一步。

提出建議後還必須確實執行並達成承諾，透過履行約定讓對方產生更深的信賴感，變得更加信任你。

我把這個加深信任的步驟，稱為「儲存信賴」。**當名為「信賴」的存款越多，提出建議時將會更容易說服對方接受。**持續履行約定也會不斷增加自己在對方心中的信賴存款。

信賴儲存在商場上就是一種自我推銷。舉例來說，我們一看到麥當勞都會覺得「那裡可以吃到便宜又美味的漢堡，還能跟朋友度過愉快的時光」。

我們從來不認為麥當勞會端出高級牛排，因為大家都知道麥當勞是什麼樣的地方。

內向者也要塑造個人品牌，不需要用張揚的方式刷存在感，而是透過「反覆提議並履行承諾」來向周圍的人自我推銷，累積屬於自己的信賴存款。當信賴存款越來越多，不知不覺就能營造出「交給這個人沒問題」的形象，不需要每次都從零開始擬定溝通策略。**最理想的狀態是，在他人心中塑造出「不知道為什麼，交給他就是很放心」的可靠形象**。請以此為目標向對方提案，逐一兌現自己開出的支票吧。

話又說回來，內向者雖然不需要強硬改變自己的個性，但為了在自我推銷時發揮效果，還是必須搬除認為自己「沒資格成為主角」的絆腳石。

所以在本書的第五章，將會向大家介紹克服內向者困境的方法。

POINT

一定要確實執行自己提議的內容，在提議與執行的過程中增值自己的信賴存款。

第4章

擺脫內向者困境的經驗訪談

高敏感內向者的心路歷程

湊朱音小姐是一位高敏感的內向者（對自己沒有自信，覺得生活很辛苦，而且也帶有高敏感族的特徵，容易對環境變化過度反應），本章節將會透過一系列的對談，了解她曾處於怎樣的狀態，後來又是如何克服這些難處。

湊朱音

1995年出生，東京人。她以自身經歷經營名為「*高敏感內向者的經驗談＋蛙化現象剖析（蛙化是指從暗戀變成兩情相悅後，立刻對另一方產生反感的現象）」的網站。每個月瀏覽量破萬，經常接受來自內向者的諮詢。

*原文為『HSP気弱さん当事者の克服ブログ＋蛙化も！』

蔭山洋介

內向者會對哪些事感到苦惱？

湊　我是湊朱音。目前以親身經驗經營改善高敏感及內向者個性的部落格，以及數位行銷的工作。

蔭山　妳好，我想向妳請教有關高敏感內向者的一些事情。請恕我直接提問，內向者一般都有怎樣的煩惱呢？

湊　我們總會覺得沒有在過自己的人生，好像為他人而活一樣……大家可以想像一下，假如你每天要吃自己不想吃的食物、喝不想喝的飲料、穿不喜歡的衣服、去沒興趣的地方，這樣的人生實在壓力很大。

蔭山　那真的很痛苦吧……從出生到現在，基本上我都只做自己感興趣的事，所以光是想像就瑟瑟發抖。為什麼硬要吃自己不喜歡的食物呢？

湊

我們很害怕造成別人不愉快，如果有一絲一毫這種風險存在，我們就無法堅持自己的想法。因此，即使我們心裡想吃的是義大利麵，但聽到朋友說午餐要吃蛋糕，也會不管自己其實想要吃正餐的想法，答應對方去吃蛋糕。然而蛋糕終究還是無法取代義大利麵……

蔭山

一般人不會因為這樣就討厭對方吧……既然是朋友，應該可以直接告訴對方「蛋糕不能當午餐，我們去吃義大利麵吧」才對。

湊

也許是如此沒錯，但我們還是無法擺脫對方可能會認為自己有點難搞、自我中心、厚臉皮、任性等等的恐懼。

蔭山

應該不會吧……

湊　但也不是完全不可能呀。我想其中有很大的原因，是來自於內向者認為自己不重要。因為我們對自身極端沒有自信，會覺得像自己這樣的人如果沒有以朋友為重，人生就會山崩地裂，因此我們不認為自己有資格表達喜好或意見。

蔭山　原來你們並不是對想法沒有自信，而是對自己本身沒有自信呀。

湊　不僅如此，我們其實也不了解自己的喜好。就拿我來說，以前的我無法感受到味道。我不是指像感冒鼻塞那樣，而是好像缺乏「品嚐」的能力。因為對自己極度缺乏自信，所以會認為「我這種人沒有資格挑剔或談論味道」，徹底扼殺心裡的感受。當我認為自己「不可以說難吃」的時候，同時也漸漸無法感受到「美味」了。因此我對甜以外的味道都很排斥。

蔭山　「我這種人沒資格討論味道」嗎……這麼說，妳很不喜歡辣味跟苦味囉？

湊 就像小朋友也不敢吃辣跟苦，我想我就是一直處於小時候的狀態吧。

蔭山 平時學習吃一點點辣跟苦，身體就會慢慢了解它們的美味之處。雖然小朋友不敢喝咖啡或吃辣味咖哩這類的食物，但隨著吃的次數變多，大腦會逐漸適應這些味道。你們可能很少有這樣的經驗吧。

無法分割假想與現實的情緒

蔭山 聽說妳以前非常膽小？

湊 我真的非常膽小。例如祭典會出現的阿龜面具、火男面具、舞獅之類的東西都會讓我感到十分害怕，能夠逃跑的話一定馬上溜走，如果他們來到家裡，我就會躲進被窩，怕得不得了。小學低年級的孩子常常會這樣，但是我直到長大成人仍然很害怕。

蔭山 長大之後知道那些是人假扮的，應該不會那麼害怕才對，妳不是這樣嗎？

湊 完全沒辦法。我覺得生剝鬼就是生剝鬼，絕對不可能是人類。現在仔細想想，我或許是無法辨別虛構與現實的差異吧。比如看醫療節目時，我就會非常擔心自己是不是也生病了。看到警察在電視上取締偷竊的犯人，我也很害怕自己被逮捕，全身簌簌發抖，感覺警察就在門的另一側。

蔭山 聽起來像虛構的場景延伸到現實中的感覺，有點像在夢中的世界一樣。

湊 是啊。例如看到《進擊的巨人》海報時，照理說從窗戶伸出一隻手比警察突然出現更不可能發生，但我只要一看到海報就不由自主害怕起來，幾乎可以說是活在假想世界的恐懼中。

蔭山　是因為無法辨別現實跟虛構的界線，所以很難將兩者的感受分離開來嗎？比如害怕自己想吃義大利麵會惹朋友生氣這件事，對一般人來說就很難想像，更何況，會出現那種反應的人也算不上是朋友。但這在想像裡卻有可能發生。

湊　還有我太相信別人，所以很容易上當受騙。舉例來說，我曾參加過一些奇怪的自我啟發講座，說什麼只要照著做就會成功云云。之所以會去參加，也是因為我很相信別人所說的話，以及無法拒絕來自朋友的同儕壓力。

其實我從來沒想過要當成功人士，因為我本來就對自己沒有信心，總認為「我這種人不可能出人頭地」。可是聽到朋友說「妳一定要學這個」，態度強硬地邀請我，我便相信跟著做就會如他所言有所改變。如今回想起來，我根本不需要參加講座，朋友邀請我也不過是為了達成業績而已。

蔭山

其實那是一種傳銷制度，透過增加入會人數，把數字視為一種自我成長的表現。這是從日本一九九〇年代的自我啟發講座一路發展至今的系譜。

湊

這就是我上當的原因吧。一聽到朋友信誓旦旦說出「這絕對是必要的」，加上現場氣氛的壓力，我立刻緊張得六神無主，明明不想答應卻無法拒絕。最後雙腿發軟動彈不得，陷入無法抽身的困境……

蔭山

洗腦也是利用同一種模式。他們將不可以離開的理由像保鮮膜一樣將人層層包裹，即使後來察覺到不對勁，也撕不掉身上的保鮮膜。洗腦專家就是把這種做法系統化，並且以組織規模層層執行。

湊

其實也不只是這類講座。在日常生活裡，類似的假想與壓力總是從四面八方淹沒我。比如我在網路上搜尋「膚況變差」的內容時，文章除了講述睡眠不足或飲食不均衡之類的原因，也經常會指出罹患可怕疾病的可能性。看到這些內容，我就會認為自己說不定狀況很嚴重，整整一週或一整個月擔心得睡不著覺。

蔭山 這種情況很糟糕呢。

湊 最可怕的是我並沒有意識到這樣很糟糕，反而還因為經常在消化痛苦的感受而習以為常。一想到我有可能永遠過著那樣的人生，背脊都忍不住發涼了。

遺傳影響及依戀障礙的可能性

蔭山 妳覺得自己為何會出現內向者性格，而且還是對環境反應特別敏感的類型？是否有遺傳相關的原因？

湊 我不是什麼專家，這純粹只是我的個人想法，但我認為或多或少還是有些遺傳上的影響。儘管我現在已經幾乎克服這些困擾，卻仍然比別人更容易受到驚嚇，看動作片時總覺得身體無法安穩坐在椅子上。雖說現在不像以前連看電影都辦不到，但是容易受到環境影響的狀況，基本上依然殘存在我體內。

蔭山 原來如此。除此之外，我們也經常覺得內向者的性格特徵與依戀障礙很相似。假如跟父母之間的依戀關係沒有獲得滿足，有時會形成過度察言觀色的個性，關於這點妳有什麼看法？

湊 我也曾經研究過這部分，因此對依戀障礙有一些了解。如果父母是管教相當嚴格的類型，我覺得多少都會對性格形成造成影響。

蔭山 看來內向者性格與遺傳及依戀障礙多少有一些關聯。若是因為這種情況導致高敏感內向者的特徵更加明顯，那確實很難處理。

從模範生到「叛逆做自己」

湊

這種個性真的讓我很痛苦。我非常討厭懦弱的自己，總是很想成為一位帥氣瀟灑的女性。我自己也做過很多嘗試，結果都不如人意。

蔭山

妳應該試過許多方法吧？那是從什麼時候開始出現轉變呢？

湊

大概是進大公司就職一個月就辭職這件事吧。我的人生大致算是一個模範生，真的沒想到我會工作一個月就辭職。而且我在實習期間的成績非常出色，不止是跟同期相比，我的成績甚至打破公司歷年紀錄。但是我後來仍然選擇辭職，因為我沒辦法接受公司對新人的教育內容，完全無法產生共鳴也不能理解，我認為完全不合理。

蔭山

什麼事讓妳這麼抗拒？

湊

新人實習期間，公司告訴我們想法會化為現實。聽到這句話，一般會以為是指設定目標並付諸努力就能夠實現的意思吧？可是公司卻要我們謹記「有心就能讓老天下雨」這句話，認為天空會下雨是因為自己心有所想。

蔭山

這樣的比喻有點難以理解。畢竟下不下雨靠的不是人的意志，無論多麼想歸咎於內心問題，老天說要下雨就是會下雨。人的意志能夠做的，只有賦予下雨這件事肯定或是負面的看法而已。話又說回來，公司這樣的說法也是結合假想與現實不是嗎？為什麼當時的妳能夠區分開來呢？

湊

你說的沒錯，我自己也不知道為什麼。雖然記憶有些模糊，但當時的我已經在實踐這本書中的內容（詳述於第五章），所以那段期間的我或許稍微能夠認清虛實差異了，逐漸可以辨別過於誇張的理論或毫無根據的威脅、謊言。

蔭山　雖然公司並沒有騙人，但這種標語要有一定的信念基礎才能夠成立，你必須先相信自己的意志足以呼風喚雨才行。

湊　在那之後，不管公司再怎麼強調我們要拋開個人想法，我就是沒有辦法。換成以前的我可能會傻傻搞不清楚狀況，但我後來會時刻提醒自己要主動思考、理解並採取行動，或許也是因此才能獲得這樣的改善效果吧。

蔭山　後來妳又實施過什麼方法呢？

湊　接著我為了學習獨立生活，搬出家裡一個人住。以前住在老家從來沒有下廚過，自己生活以後，煮飯、打掃、洗衣這些家事通通都要自己來。另外也自力從零開始學習網站設計跟數位行銷之類的工作內容。

蔭山 開始這樣做之後就產生自信了嗎？

湊 沒錯。要在工作上取得成果，本來就會經歷許多難關。有些工作如果不克服內向者的阻礙就得不到協助，例如與行政庶務有關的事情。

行政文書的往來過程中，倘若申請文件有任何缺失一定會被退件，所以必須正確理解對方所說的內容。但我是個門外漢，根本聽不懂對方在說什麼。內向者的我很不擅長去請教別人，怕對方覺得我很笨，或是給人家添麻煩，但如果不反覆確認內容到自己真的了解為止，這工作一輩子都別想完成。我覺得自己便是在永無止盡來回的溝通中，慢慢學會堅定立場並勇於提問。

在虛實難辨的世界裡，所有分界線都模糊不清。而編寫程式、行政文書這類工作上的要求，通常都會有相對明確的界線，完全沒有蒙混的空間，感覺上有點像數學。

克服心中的壓力、恐懼、不安

蔭山

與其說是建立起自信，聽起來更像是能夠明確劃分出界線，這個情況完全符合阿德勒所說的課題分離。改變看世界的視角後，也順利擺脫不拿手的事物了嗎？

湊

我很不擅長應付三件事，那就是同儕壓力、恐懼的事物、對未來的不安。光是現在能夠明確說出害怕的事物，我已經覺得自己大有成長。一年三百六十五天，每天二十四小時，這三件事彷彿隨時隨地附身在我身上。不過如今我已克服這些感受，可以像個普通人，甚至超越一般人能做到的程度了。

蔭山

第一個同儕壓力的問題，現在妳已經不受影響了嗎？

湊

現在同儕壓力已經不再對我的生活造成困擾。我變得敢向別人表達自己的喜好，也能夠在工作時發表簡報，或是在社群網站上發布文章。發布文章已經成為我生活的一部分，可以算是滿拿手的一件事。

蔭山 克服同儕壓力的過程很艱辛嗎？

湊 嚴格說起來，克服這件事本身不難，因為我只是不再勉強自己而已。比較麻煩的是人際關係。因為有些以前不喜歡的事我不再做了，也會拒絕別人或提出自己的想法，有不少人因此不愉快，直接對我說「包括我在內，大家都很擔心妳」、「我覺得之前的妳比較好」這類的話，亦或取消追蹤我的社群帳號。無論是現實生活或是網路上，都有不少人跟我斷絕聯絡。

蔭山 具體來說，是哪些對話讓對方那麼反感？

湊 比如有朋友邀請我參加同好聚會，我答覆說「如果大家是認真要討論的話我就願意去」，但對方表示只是想聊聊天而已。後來朋友說我不夠朋友，連社群帳號都跟我斷絕聯繫。但我也需要自己的時間，有自己想做的事，我不想陪人家參加連他本身有沒有興趣都不知道的聚會。如果短時間倒是無所謂，但那種聚會通常都很久，我一想到就有點抗拒……

蔭山 這樣子等於要向對方提出以前自己不敢拒絕的事，妳不會害怕嗎？

湊 我不會害怕，因為我有很多想做或是必須要做的事情，也深刻覺得自己是社會上的一份子。比起不了解自己的朋友，我還有更多重要的事情需要關心，想到我的事業或是工作上共事的伙伴，自然而然就能夠拒絕了，而且非常平靜自在。只不過如果被惡言相向的話，還是會有大約一星期無法擺脫失落的情緒。

假想中的恐懼逐漸消失了

蔭山 原來如此。能夠自然拒絕他人，表示在精神上有所成長吧。接下來是妳本來很害怕的事物，妳也克服這層恐懼了嗎？

湊　如果你是說前面提到的生剝鬼，我已經完全不害怕了。雖然現在還是不太敢看恐怖片，但我沒有以前那麼膽小了。看《進擊的巨人》也不會害怕巨人破窗而入，反而很喜歡那種劇情呈現方式，感覺十分貼切表現出人們對社會的不安，可以用敬佩的心情觀賞作品。

蔭山　看來妳完全恢復到一般人的感覺了。如果像小孩子一樣對任何事都感到害怕，在這個社會上生活時，恐怕會有太多不合理的事情令自己動彈不得。

湊　所以我現在不再害怕生剝鬼了，倒是那些壞事做盡的大人才更可怕……反而還應該感謝生剝鬼懲罰壞孩子呢。

下定決心獨立後，不安感反而減輕了

蔭山 那麼最後，妳如何減輕對未來的不安感呢？

湊 我知道凡是人活在世上，永遠都會對未來感到不安，不過和以前的我相比，現在那種感覺已經減輕許多了。過去的我總認為自己毫無用處，對生活無所適從。但在我開始工作，逐漸了解社會結構與運轉方式後，視野也變得明朗起來。

蔭山 了解社會結構後就減輕了不安感，這種說法時有所聞。請問妳是在了解哪一方面的事情後，才不再強烈憂慮自己的未來呢？

湊 我覺得關鍵在於我能夠獨立思考，也能靠自己獨立作業，因此產生了自信。若說到體悟，大概是明白原來自己有能力從零開始做一件事吧。我以前還會莫名擔心自己隔天無家可歸，或是在看到震災節目時，害怕自己也遭遇地震而一無所有。然而，實際遇到這種天災人禍的機率微乎其微，我也知道自己可以事先做好哪些準備，如果真的不幸遇難，到時候再想辦法努力求生就好。我有這種想法之後就不再害怕了。

蔭山 原來是這樣。但一般來說，大家普遍都不想過得太辛苦，與其拼死拼活，更想輕鬆過日子。如果沒有發憤努力的深刻決心，就無法消除心中的不安嗎？

湊 因為比起辛苦，我更討厭成為弱者，所以這是比較適合我的方式。

蔭山 意思就是要下定決心嗎？

湊 我當然也很想受到稱讚，想要有人替我解決問題，或是依賴別人過生活，但我覺得就是這樣的想法才導致內向者的我總是惴惴不安。因此對我來說，想要消除不安，大概只能下定決心成為一位堅毅可靠的大人吧。

蔭山

內向者性格的人往往比較辛苦，妳在克服個性缺點之後有什麼改變嗎？

湊

我現在一點也不覺得辛苦喔，畢竟以前的生活要來得艱難多了。現在的我樂於工作也食之有味，更單純的一點是我變得喜歡自己了，終於能夠展開翅膀迎向生活。

蔭山

那真是太好了。最後請妳跟深受內向者個性所苦的讀者說幾句鼓勵的話。

湊

內向者性格所帶來的困擾，不是一朝一夕就能夠改善的，最重要的是每天一步一腳印付出努力。不要心急，依照自己的步調慢慢前進就好。

蔭山

一步一步來的確是最重要的關鍵呢。

第5章——建構強大內在的轉念練習

翻轉內向者劣勢的七個習慣

內向者只要懂得掌握與人交流的進退，心理壓力就會輕鬆許多。如果再多花一點時間，讓自己更進一步成為能夠坦率拒絕，自信向別人提出意見的人，生活就會更游刃有餘。

擁有高度觀察力、認真努力的內向者多半擁有優異的能力，然而生活中的各種壓力、顧慮就像厚厚的外殼，導致內向者無法施展抱負。本章節的目的，便是希望幫助內向者遠離這些壓力，透過七個習慣的養成，具體達到轉念的效果。

你不會突然就有「被討厭的勇氣」

內向者大多為人認真且做事努力，為了達到理想中的目標不辭辛勞，誇張一點來說，就算要為此站在瀑布下修行也願意一搏，總之是一群非常勤奮的人。

只不過，內向者的心靈往往也承受著許多負擔，總是被龐大的同儕壓力逼迫得頭暈眼花。正因如此，內向者特別渴望「變堅強」，在自身意志主導下邁向未來。

然而，變堅強不是一時半刻的事。更正確地說，內向者也不該以此為目標。

內向者的心靈就像極度缺乏運動的身體，非常不習慣以自己的心去感受及表達自己的看法，或是傾聽別人的批評。內向者想要快速鍛鍊出堅強的意志力，如同沒有運動習慣的人突然去跑全程馬拉松，膝蓋和腰很快就會出現運動傷害。

想像看看，假如總是依賴哆啦A夢的大雄某一天突然透過道具獲得「堅強的心」，擁有了被討厭的勇氣，有如政論名嘴般滔滔不絕，他身旁的人一定會覺得很奇怪吧？

不是每個人都需要堅強的意志力，大雄也可以用大雄的方法走出成功的道路，用自己的方式前進才能夠走得長遠。**不需要強迫自己變成別人的個性，我們可以繼續當一位溫柔體貼的好人。**

只不過畢竟要在現實生活中生存，學會拒絕別人，把該說的話說清楚也很重要。

內向者總是很怕表達意見會有不好的下場，所以不敢出言拒絕，也不敢向別人說出自己的想法。從另一個角度來說，也是因為內向者常常覺得自己的觀點不值得一提，有強烈的自卑感，下意識將別人的需求置於自己之前。

可是，一直把生活重心擺在「別人」身上而不是「自己」，遲早有一天會精神崩潰。沒有人一無是處，必須學習透過「做能力所及之事」建立自尊心，打造人與人之間相互尊重的平等關係。為了達到這個目標，心態的調整非常重要。接下來我將整理出七個有助於「翻轉內向者劣勢」的具體習慣。

在生活中找回心靈的安定

內向者必須培養足以對抗壓力的意志，卻不必為此進行嚴苛的精神鍛鍊。

當我們逼迫自己完成以前不敢做的事情時，內心會產生「我好像變強了！」的感覺。這是一種基於「擺脫軟弱自我才能破繭重生」的邏輯而設計出的心智鍛鍊方法，坊間許多自我啟發型講座都是如此。

然而這其中藏著陷阱。強迫自己進化的確有機會變強，但這是在順利過關的前提下，沒有通過考驗的人會立刻被蓋上淘汰者的烙印。換句話說，假如挑戰失敗，沒有完美達成任務的時候，自信心也可能因此跌落深淵。

內向者平時已經承受足夠多的傷害了。每天活在自責、缺乏自信之下的內向者，如果又一味被強硬施加壓力，到頭來恐怕只會越陷越深。

內向者要做的並不是努力超越極限，也不是培養堅定毅力。**內向者需要的是找回重視自己的感覺，以及學習珍惜自己的具體做法。**

這就是我在第二章所說，要從「重視正解的人」變成「重視想法的人」。

向來重視正解的內向者，如果沒有意識到自己的習性，自然而然就會將對方的感受視為正確解答，為了討好別人而扮演模範生或是聽話的好孩子。可是如果凡事都以別人的感受當作指標，自己又該在哪裡呢？

內向者一定要學會將自己與他人的感受分離。

當然不是要大家不分青紅皂白反抗世道，那跟叛逆期的孩子沒什麼兩樣，只會讓自己變成一個麻煩人物。所有的反抗一定要師出有名才行。

「翻轉內向者劣勢的七個習慣」就是以具體的方法來練習轉念的方式。讓總是迷失自己的內向者，能夠在日常生活中慢慢建立起自信心，學會重視自主的想法，不被他人情緒操控。

習慣① 保留「給自己」的時間

為心靈規劃每天的「喘息時間」

習慣①的目標是幫助內向者在龐大的高壓生活中，獲得一點喘息的時間。

內向者一天二十四小時都在為別人付出，幾乎沒有時間好好面對自己。就連獨處的時候也總是滿腦子想著工作或人際方面的問題。

手機就是造成這種狀況的罪魁禍首。眼花撩亂的資訊轟炸之外，看到手機跳出通知訊息，就必須要承受即時應對的壓力，導致獨處時也在跟別人談話，完全沒有時間沉澱心情。

讓我們先減少這些心理負擔，創造多一點屬於自己的時間吧。

逐步減少對手機的依賴性

內向者不適合使用社群網站，會有種不得不回應，以免造成對方不愉快的壓力。若時時刻刻攜帶手機，就會一直處於這樣的狀態。

根據日本行動裝置專門調查機構MMD研究所於二〇二〇年的「手機使用者現況調查」，十幾歲女性中，約有八五％的人每天查看手機超過三小時。除此之外，使用時間超過十小時的人約有十六％，明顯可看出民眾依賴手機的情況。聽到每天滑手機超過十小時的人有這麼多，令我感到有點驚訝。

當然在這之中也包括需要用手機工作的人。不過大家可以試著回想自己使用手機的情況，是不是因為太過在意訊息，才導致瀏覽社群的時間不斷增加？是否會因社群上的對話時喜時悲？或者在網路上接收過多的資訊而忐忑不安？如果你符合這樣的情況，請減少使用手機的時間。

話雖如此，現代社會的運作幾乎離不開手機，工作上的訊息也需要對應。

所以，**先從每天一小時不要碰手機**開始。在這段期間，請把手機裝到某個盒子裡，或是收到抽屜裡面。雖然我們可以規定自己在這段時間內絕對不碰手機，可是如

果把手機放在隨手可得或視線所及之處，心裡難免會蠢蠢欲動，因此一定要將手機收起來。

最初只要挑戰一小時就好。對於手機依賴性高的人，光是一小時就很難忍受了。

接下來請持續維持一小時不滑手機的習慣。只有一個小時既不會給別人添麻煩，也不會傷害人際關係。假如人際關係因此產生裂痕，那代表這段關係本來就不正常。

每天至少空出一小時的時間，讓心靈從窒息狀態解放，或多或少得到一些安寧。若對你來說不是難事，再試著慢慢延長成兩小時、三小時，以此類推，最後希望能達到每天滑手機的時間不超過三小時的目標。

網路無法解決沒有答案的問題

接著要養成的習慣是，不要在睡覺前看手機或電視。對於容易受到影響的內向者來說，任何無意間看到的內容都有可能影響睡眠。

你是否曾看完電視節目上討論的疾病後，突然害怕自己符合相同病狀，忍不住花一整晚上網搜尋相關資訊？又或者是煩惱自己的未來走向或職涯發展，耗費好幾個小時試圖在網路上尋找答案呢？

網路是非常方便的資訊收集工具。若是有正確解答的問題，我們就能快速得到淺白易懂的答案。例如尋找餐廳位置時，網路連導航都會替我們做好安排。

不過網路搜尋也有不適用的情況，那就是當問題沒有正確解答的時候。

舉例來說，如果你要搜尋有關升學就業的方向，網路幾乎無法提供實用的建議。搜尋結果往往只會列出企業列表，告訴你年收、口碑、是否為黑心企業等等訊息而已，你不可能依據搜尋結果找到自己真正想做的志業。

當事人沒有方向，網路也無法鎖定目標。一旦沒有目標，漫無目的瀏覽大量無用資訊非但無法帶來安心感，反而讓人更慌亂。

當我們試圖透過網路找到關於人生的線索，在搜尋欄輸入「如何找到想做的事」，頁面上只會列出各種老生常談的淺薄內容，例如「先多方嘗試，漸漸就會發覺自己想做的事」等等，連書籍百分之一的資訊量都不及。

在沒有手機的年代，大家是如何思考人生的呢？那時的人都是透過閱讀書本、觀賞電影、向前輩請益等方式來達到啟發，再反思自己的狀態。

現在我們多了網路搜尋這個方式，能夠快速取得資訊情報。雖然這點非常方便，但不代表所有的事都能在網路上找到答案。

內向者很容易在睡前浮現各種不安，開始搜尋一些抽象的問題。然而，**沒有解答的問題，花再多心力搜尋也不會得到滿意的結果**。

網路搜尋無法緩解心裡的忐忑不安，手機不會給我們答案。我們必須學習處理大腦接收到的資訊。

上網搜尋前，請先問問自己「這個問題有答案嗎？」，假如心裡的回答是「沒有」，就別浪費時間了。寶貴的夜晚就留給安穩的睡眠吧。

暫時拉開與社群媒體的距離

內向者很容易跟別人發展成互相依賴的關係。他們總在不知不覺之間受到人際關係的層層束縛，即使想跟手機保持距離，可能也沒辦法如預期般順利。

無論是現實或網路世界，尤其社群軟體上，有時難免遇到喜歡隨時聯繫的人，如果自己傳的訊息沒人回覆就氣憤不已。其中也不乏控制型的人，如果發現你有想拉開距離的跡象，便會用盡一切手段來延續雙方的關係。

想要改善手機依賴性時，社群媒體另一端的這類人就是最大的阻礙。碰到這種情形，只靠一個小時不滑手機這種半吊子的方法，可能無法得到順利的進展。

想要解決這個問題，可以先向身旁的人解釋原委，然後**停用所有社群帳號**。帳號不一定要刪除，但絕對不能點開。我們要利用這個方式找回心靈上的平靜。雖然這段時間可能會短暫切斷人際關係，不過真正對你有幫助的往來，不會因為這樣而消失。重視你的人會耐心等待你回到他們身邊。

如果有人試圖用「這樣我會很擔心」強烈阻止，他很有可能是需要小心的人物。真正出於關心的人如果了解原由必定能夠體諒，不會強迫他人配合。

習慣② 培養獨立自主的能力

「靠自己」是心靈的安定劑

內向者不僅慣於被人依賴，也慣於依賴別人。

不需要提出請求，身邊熟悉的人自然而然就打點好一切。相反地，內向者也會在對方說出需求之前，事先替別人把事情做好。

在無所求的前提下，這種無需言語的相互依賴關係是相當安逸的舒適圈。

然而，**如果想要克服內向者的困境而獨立生活，就必須與人保持適當距離**。

當我們不會做家事，就會習慣性想要依賴會做的人；身上沒有錢，就想繼續住在老家；工作上有不懂之處，就想請會的人手把手教自己。

精神科醫師土居健郎先生在日本出版的《「依賴關係」的結構》（弘文堂出版）書中指出，**一旦依賴與被依賴的相互關係定型以後，彼此就再也沒辦法無視對方的情**

緒。也就是說，只能永遠當一個時刻解讀別人情緒的人。

所以，你必須盡可能與身旁的人拉開距離，建立不依賴別人也能獨自作業的基礎。第一步就是學會獨立生活。

生活上的自立當然也包含經濟獨立。倘若經濟大權掌握在別人手中，就算有話想說也不敢說出口。不過在某種程度上，我們可以先做到心靈自主，然後再慢慢朝經濟獨立邁進，大可不必先煩惱錢的問題。

重視自己的人往往也重視飲食

你每天的飲食規律均衡嗎？

我曾聽在大企業任職的朋友驚訝地說：「我發現最近的新人總是隨便喝個飲料、吃點零食、蛋糕就解決一餐，好像有填飽肚子就好，完全沒有好好吃午餐。」聽到這番話，連我也感到驚訝。

根據二〇一九年日本農林水產省針對十八到三十九歲的人所做的「年輕世代飲食習慣相關調查」，其中「一天至少攝取兩餐包含主食、主菜、副菜的飲食」這一題，約兩成回答「幾乎每天」，三成回答「幾乎沒有」。另外，約莫有兩成是「每週二至三天」，跟回答「幾乎沒有」的比例加起來，約略有五成的人不在意營養均衡的問題。

這份問卷調查結果的確也符合我朋友的說法。

不重視飲食的行為，也代表不夠重視自己身體的需求。

假如你覺得「沒有特別想吃或是喜歡的食物，只是因為肚子餓才去吃東西」，那建議你可以從品嚐食物的美味開始學習。

感受食物的美味需要經過一番訓練，我們並非出生就知道什麼是「好吃」。美味感會受到文化的影響，因此世界各國的口味偏好形成很大的差異。

以日式料理的湯頭為例。外國人大多認為日本的高湯味道太淡，喝起來不夠有飽足感。雖然日式料理確實比西式菜色清淡，可是若懂得品嚐湯頭中的鮮味，就能體會到細緻高雅的美味。

學會品嚐食物的美味精髓，人生將會變得更加豐富，用餐時也會更開心，變得更期待用餐時間的來臨。

透過「感受美味」創造生活的餘裕

普遍來說，內向者對於「美味」的感受度不高。

之所以這樣說，不是因為內向者的味覺不敏銳，而是因為內向者在用餐時常處於緊繃的狀態，全心全意都放在同桌人的一舉一動上。

無法在放鬆的狀態下飲食，是造成食不知味的一大原因。

大家有過這樣的經驗嗎？跟上司或客戶聚餐的時候，食物吃起來毫無滋味。但如果是家人朋友輕鬆自在用餐、交換感想，食物就變得好吃了起來。

內向者的情形和商務飯局有些類似。在聚餐時經常過於在意現場氣氛，不太在乎自己吃了什麼，滿腦子都在顧慮對方的感受，往往對方說「好吃」，自己就跟著說「好吃」；對方說「有待加強」，自己就連帶附和「有待加強」。

因此，我希望大家能選出一位自己願意敞開心房的人，一起共度用餐時光。

跟別人分享用餐心得是學習「感受美味」的良好訓練。

內向者即便是跟朋友聚餐，也會因為害怕意見跟對方相左而不敢說出感想。因此可以的話，請務必找一位能夠相處自在的人陪你用餐，好吃就說「好吃」，難吃就坦白說「難吃」，然後再仔細思考食物美不美味的原因。

倘若沒有一起吃飯的對象，用筆記本或是部落格寫下感想也是一個好辦法。

除此之外，下廚也是一個有效的方法。假如你試著做出一桌美味佳餚，明明按照食譜烹調，最後的成品卻一點都不好吃，很有可能就是因為你對美味的感受或記憶不夠清晰，所以不知道該如何調味。

不曉得如何調味，自然做不出好吃的料理。所以請大家透過實際操作，學習思考什麼是美味，自己又該怎麼做才能讓菜餚變得可口。

「感受美味」是一件滋潤人生的事，也能夠藉此幫助內向者找回生活的餘裕。

整理房間也整理心靈

有許多內向者不擅長整理物品。所謂的整理，就是將必要與不必要的物品依使用頻率等標準分門別類。**內向者不擅長決定優先次序，所以大多不會整理物品**。

房間是反映人心的一面明鏡。紛亂雜沓的房間表示居住者的心靈也亂成一團，而乾淨整潔的房間則代表屋主的內心有條不紊。

內向者的房間可能到處充斥著毫無章法的物品，然後在某天突然覺得整理很麻煩，乾脆一口氣全部斷捨離，讓自己從雜物堆解放。有時候也會在斷捨離時，不小心將真正必要的東西也一併丟棄。

丟掉物品讓人神清氣爽，可是**不分好壞全部丟棄的行為，等於沒有正視內心真正的想法。**學著替必要及不必要的物品排列先後順序，也藉此整理紊亂的心靈。

坊間有許多整理收納的書籍在討論收拾技巧，詳細內容就交給它們來說明，但我要在此向大家指出一項內向者容易踩中的陷阱。

整理物品的基本作業，是將原本收起來的東西全部取出，然後重新歸類再收好。不過，我們經常碰到收納空間不足的問題，這個時候，為了確保自己有足夠的收納空間，就會需要採購收納用品。

採購收納用品時必須考量適合的尺寸，以及需要的數量。這些看似理所當然的問題其實意外困難，尤其對內向者而言。

購買之前，我們得先確認需求拿量尺丈量高度、寬度、深度，然後挑選符合尺寸的產品。假如你是做得到這一點的人，鐵定很疑惑我為何連細微末節都要解釋得如此詳細。

因為實際去購買的時候，總會遇到沒有剛剛好的尺寸，或是買回家之後發現尺寸不合、沒辦法順利組裝等等問題。一般市面上的整理收納書不會提到這部分須耗費的心力，往往是以能夠妥善處理這些問題為前提。

所以我要在此事先向大家預告失敗的結果。內向者並不擅長處理丈量、組裝、擺放這一連串大規模且無法反悔的作業，因此失敗也是淺而易見。

可是失敗也沒有關係，這是很正常的事，沒有人一開始就能做好。失敗讓我們得以從經驗中學習，也許是量錯深度，或是沒有算到輪子的高度等等。沒有經歷失敗的過程，就無法親身體驗及了解收納是由數字掌管一切的作業。所以請大家試著不對外尋求協助，先自己挑戰看看吧。

準備好收納空間之後，接下來只剩下整理物品了。**整理是接連不斷的抉擇，必須區分出必要與不必要的物品、分門別類，還要決定符合動線的收納方式。**

這件事比想象中還要耗時，請拿出耐心，一個一個慢慢整理吧。即便收納結果不如預期也不必放在心上，透過整理的過程，能夠獲得更多的成長，練習為事物排列先後順序、歸納整理的邏輯思維，這絕對是足以授用一生的技能。

無論是吃飯也好、做家事或整理房間也好，透過這些日常生活中的練習，不僅有助於整頓心情，也能夠增加快樂與成就感，請大家一定要保持耐心。

習慣③ 學會掌控自己的身體

從外而內的心靈鍛鍊

「健全的心靈寓於健全的身體」，這句話說得一點也不假。比如治療憂鬱症時，除了藥物及心理諮商以外，配合名為「行為療法」的運動治療會更有效果。因為活動身體時，大腦會分泌多巴胺跟正腎上腺素等神經傳導物質，讓心情變得更加開朗。

運動不僅對腦部有良好效果，也能改善血液循環，減輕慢性肩頸痠痛的症狀，讓身體變得輕盈，更能專注於學習或工作。

不僅如此，運動也有助於減重，調整體態，幫助缺乏自信的內向者重拾信心。

另外，呼吸法與發聲法也會影響溝通能力，可以的話請一起練習。

在運動中鍛鍊意志力

首先最重要的是培養規律運動的習慣。一天給自己三十分鐘，跑步、散步、重訓、瑜伽……任何運動類型都可以，請選擇一樣來做。

培養運動習慣不單是為了維持身體健康，更有助於強化內向者的意志力。

曾有人問一位職業棒球選手，學生時代跟當職業選手後的練習有什麼差異。他回答「學生時代是被迫練習，職棒則是自主練習」。

由於職業選手是靠此維生，撐不下去就會直接淘汰，只能自己為自己負責。雖然球隊裡有教練，但教練並不需要替選手的人生負責任。對於練習方法或治療計畫這類的事情，最終仍得由選手本人自行判斷。

人生只能由自己決定，旁人不會為你負責。這個道理適用於每個人。

即便一路走來都是聽從周圍的指示做事，遇到不順遂的時候，需要為此負起責任的，也只有正在過這段人生的當事者。

運動也是，要做什麼運動、做到怎樣的程度、為什麼應該運動，都由自己來思考及決定。可能是為了得到理想的體態或是提升專注力，你可以設定任何目標，把運動當成健康管理的一環。

設定好目標之後，再依照自己的想法來達成目的。如果覺得獨自一人保持運動習慣比想像中困難，可以選擇參加課程、安排固定時間上健身房、尋找志同道合的伙伴等，想盡辦法讓自己堅持下去。若對運動沒有概念，也不妨找私人教練一對一練習，適當的建議也有助於調整正確的姿勢。請利用一切能運用的資源，努力培養出規律運動的好習慣，這段費盡心思的過程也是一種意志力的表現。

舒緩身心的呼吸方式

習慣為他人著想的內向者，建議每天給自己一分鐘，閉上眼睛專注呼吸。**透過閉上雙眼，把注意力集中在呼吸上來排除雜念，達到提高專注力的效果。**呼吸法有非常多種，我在這裡要介紹的是坐在椅子上、放鬆身心的方式。

首先請坐在椅子邊緣，感受屁股下有兩根突出的骨頭，把這對骨頭當成自己的腳，想像藉由它們站起來的感覺，如此一來自然可以挺直背脊。這時再進一步調整姿勢，讓自己更加抬頭挺胸。

接下來請注意「下丹田」這個部位。下丹田位於肚臍下方，如果把食指壓在肚臍處，此時小指下方所在位置就是下丹田。找到這個部位後，輕輕用手指壓著下丹田。接著開始做腹式呼吸。用手指一邊壓著下丹田，從嘴巴吐氣，感受下丹田慢慢凹陷。吐完氣之後換從鼻子吸氣，下丹田慢慢鼓起，接著再完整地把氣吐掉。

做完腹式呼吸，我們要正式開始練習呼吸法。請閉上眼睛，端正姿勢，用鼻子吸氣七秒鐘，然後再吐氣二十秒，總共重複三次。

起初還不習慣腹式呼吸時，肚子可能無法控制自如，但經過練習以後，身體自然會鍛鍊出肌肉，呼吸起來更為順暢。

克服內向者個性的基本思考模式，就是要試著掌控無法控制的事情。

呼吸是一種介於有意識及無意識之間的運動。不必做任何事身體也會呼吸，但有意識地將精神專注於呼吸上，我們就可以學著控制它。

集中精神呼吸就是嘗試掌控不聽使喚的身體。

舒緩身心的呼吸方式

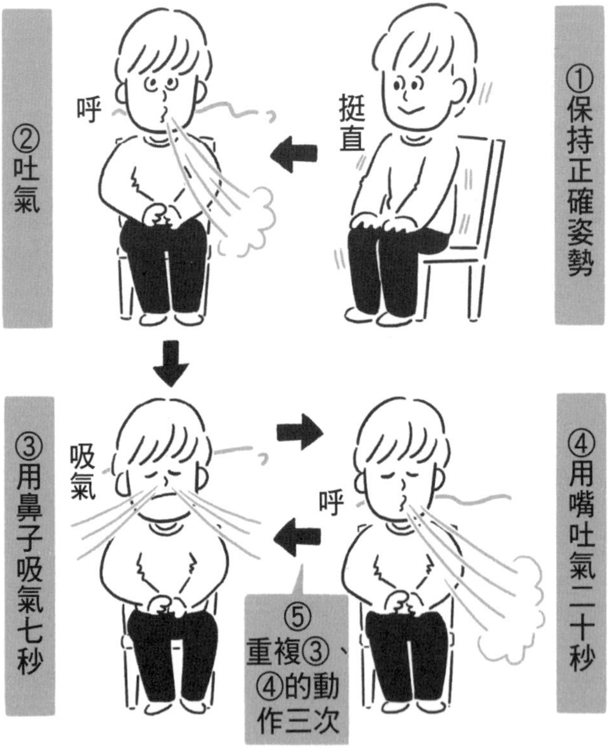
①保持正確姿勢
挺直
②吐氣
呼
③用鼻子吸氣七秒
吸氣
④用嘴吐氣二十秒
呼
⑤重複③、④的動作三次

呼吸會影響運動表現及情緒變化。當我們學會控制呼吸，就能夠控制自己的行為與情緒波動。

聲音訓練與情感表現

內向者常常害怕表達自己的想法，聲音容易變得很小聲。然而比起小聲說話，宏亮清晰的聲音當然更有助於順暢溝通。

一般說話課程會建議大家接受聲音訓練，但內向者多半靠自己就能做到一定程度的改善，因此不太需要參加正式的課程。

聲音太小和口齒不夠清晰的原因分為兩種，一種是用來發聲的腹肌不夠力，屬於發聲器官的使用問題，另一種則是精神上的心理問題。

假如是腹肌不夠強壯，接受聲音訓練就能夠改善。

但如果是精神層面的問題，聲音訓練就無法發揮太大的效果。因為當事人聲音過小的原因，並不是「生理上辦不到」，而是「心理上抗拒」發出宏亮的嗓音。

依照我個人指導發聲練習的經驗，目標成為專業演員及歌手的人來參加課程，通常是因為肌肉量不足，而想要改善**演講或溝通方面的問題，則是心理因素占比較大的比例**。內向者大多是偏向後者。

假如是心理因素導致發不出聲音的情況下，當事人只是在抑制自己發出某種程度的聲量，所以接受以鍛鍊肌力為主的發聲訓練效果不大。因為無論學會發出多大的聲音，結果還是會忍不住壓抑自己，完全沒有意義。

我建議這樣的人可以選擇獨自去唱KTV。一個人唱歌就不必在意別人的眼光，若是開車通勤的人，也不妨利用這段時間來練習。

剛開始唱歌時，由於身體不習慣發出較大的聲量，會產生相當強烈的抗拒感，可是還是要盡量拉開嗓門，試著獨自大聲唱歌，還要融入感情，用誇張到連自己都感到害羞的方式歌唱。

於此同時，也可以將自己唱歌的樣子錄影或錄音，等唱完之後再播放來看。很多人在這時會發現自己的聲音出乎意料小聲，感情也單調平淡。明明已經拿出人生有史以來最誇張的表現，結果竟是如此含蓄，可想而知，平時與人對話時有多沉悶了。

接下來請練習用全身力量來發出聲音。想像自己是一個歌手，腹肌用力，踩穩腳步，搭配手勢熱情高唱吧。

唱到喉嚨沙啞、腹肌痠痛也沒有關係。竭盡全力大聲歌唱後，聲音自然會變沙啞，而確實使用腹肌的力量，肌肉就會感到痠痛。

一般在專業的聲音訓練裡，讓學員練到聲音沙啞是絕對不能犯的錯誤，不過我們的目標是克服內向者性格，就算如此也無傷大雅。話雖如此，要喊到喉嚨沙啞其實也沒想像中容易。

先想辦法讓身體習慣發出巨大聲量，之後與人交談時，便會發現自己的聲音不自覺變大聲了。

習慣④ 不被權威之名蒙蔽雙眼

即便科學也並非無所不知

前面第二章曾提過，沒有人對自己不曾有過疑惑，只是用看似自信的外表掩飾缺乏信心的部分。有些人會認為，所有的不確定只要透過努力和大量學習就可以消除。其實根本沒有這回事。

以科學為例。許多人覺得科學足以解開未知的謎團，然而實際深入相關領域的人，肯定持有完全相反的看法。

科學至今並未解開任何謎團，這是一位大學的理科教授告訴我的。

科學對世界上未知的謎團究竟了解多少？是三〇％嗎？還是七〇％？事實上科學甚至連這一點也無法明確證實。**不僅如此，我們對於一項研究要花多久時間也毫無頭緒，根本什麼也不了解**。

假設宇宙是一顆蘋果，那麼科學所理解的搞不好只有表皮而已。不對，我想應該還遠遠不及表皮的程度。

回想起來，在二〇二〇年新冠病毒開始蔓延時，我們就能看出科學並非無所不能。沒有人有辦法確實掌握確認人數，知道應該執行哪些防護對策。擬定傳染病防範對策時，從病毒的特性到預測民眾的行動，所有事情都充滿了未知數，應對起來相當棘手。

位於知識頂點的醫學研究，也對突如其來的疫情束手無策。單就人類而言，現今程度的發展已經相當值得讚嘆，但從整體宇宙的角度來看，依然等於毫無所知。

投注無數心力的科學研究尚且如此，更不要說我們在網路上找到的可用資訊，遠比厚重的教科書或艱澀論文的內容來得更少了。

大家是否聽過「無知之知」這句話？這是蘇格拉底的名言，意思是人要知道自己的無知。約二千五百年前，世上最聰明的智者也認為自己是個無知的人，我想就算去問現在最聰明的智者，肯定也會得到相同答案。

我時常與內向者討論這件事，也因此發現他們大多為此「感到放心」。**因為他們**

總算明白自己不知道是理所當然的事，其實其他人也什麼都不懂。

如今我們已經了解知識的頂點有多少能耐，所以完全不必妄自菲薄。

沒有人擁有百分之百的自信

我想透過我的工作向大家分享一項事實，就是無論我們努力學習多少知識，面對沒有解答的事物時，仍然很難保有自信。

用來傳達訊息的「Delivery（傳遞）」是講稿寫手最注重的一件事。Delivery指的是傳達手法，無關講稿內容。即使內容完全相同，也有各式各樣的訊息傳遞方式。

再次以新冠病毒為例。日本政府剛開始要求民眾自主減少外出時，聚集日本最頂尖人才的厚生勞動省在網路上發佈一篇關於「正確洗手」的文章。這篇文章經過印刷，在國內四處張貼，希望能為民眾提供幫助。

這篇文章相當淺白易懂，我對政府採取的這項行動也非常贊同，直到我看到一段影片，才驚覺自己完全漏掉了某個觀點。

當時Piko太郎先生在Youtube上傳了一段洗手的影片，他在影片裡不斷高喊著

「Wash! Wash!」。這段影片轉眼就散播到全世界，各國媒體也爭相報導。

除了影片的擴散程度出乎意料之外，小朋友們看過這段影片後，也全都開始學他一邊洗手一邊開心高喊「Wash! Wash!」。

對孩子們而言，不管文章多麼淺顯易懂，只要過於無聊就無法傳遞訊息。由奇怪打扮的大叔跳著怪異舞蹈，一邊重複喊著「Wash! Wash!」，反而更能夠將訊息成功傳遞給孩子們。

我簡直如夢初醒。原來除了盡量簡化文章或圖像以外，還有這種傳遞訊息的方式，我忍不住深深反省自己的腦袋是否過於僵化。

我的本業之一是演講稿寫手，這是一份以傳遞訊息為專業的工作。我同時也是指導活躍於世界最前線的經營者或公關人員如何傳遞訊息的溝通老師。照理說，我應該要有足夠的信心可以通盤掌握各種訊息傳遞的方式。

可是實際上，我並沒有自信能夠做到這一點。

學習再多的知識，也無法讓我們擁有篤定的自信，不管是不是內向者都一樣。

不過雖然如此，即便沒有自信，也絲毫不影響我對自己的評價。因為我知道「沒有人」可以真正達到全知的境界，新事物無時無刻都在誕生。但我只要繼續努力鑽研，就會比原本的自己更加進步一點，這是絕對肯定的事。

對權威的話語高度存疑

在社會上，名人說的話似乎比普通人更有說服力。

下面是我實際碰過的一個諮商案例。

某位有內向者性格的二十幾歲女性，曾經在網路上發表自己對工作的迷惘後，收到在推特上粉絲人數超過十萬的年輕社長私訊，表示「若妳願意的話，我可以陪妳討論職涯規劃喔」。這位女性因為迫切想消除對未來的不安，毫不猶豫答應赴約。

她到達指定地點後，發現那裡是一家時髦酒吧，不太適合認真對談。

而且談話過程中，就算她提起工作上的事，對方也沒有正面回應，詢問對方從事的職業內容也得不到回答。當時她還以為對方是因為工作上有許多機密所以不能透露。直到散會時，對方忽然開口邀請她「要不要去我住的飯店繼續深聊？」

這位女性立刻拒絕，可是對方緊追不捨的態度，讓她逐漸不知道該如何是好。後來擔心她的男友碰巧打電話來，她才得以順利脫身，並封鎖了那位年輕社長。

一個月後，她在推特上得知那個人因強姦案遭到警方逮捕。

她仔細回想發現，其實自己對於對方經營什麼公司、主要靠什麼賺錢完全一無所知，一切都是詐欺犯捏造的故事。這才深切感受到，原來自己只因為粉絲人數就膚淺地以為對方在社會上是個有頭有臉的人。

我們碰到諸如此類的名人或權威人士，經常會出現盲從傾向。然而許多權威實際上並不具有與頭銜相符的身份，我每年都會遇到一兩位這樣的人。**以謊言建構出名聲的權威人士絕非少數。**

這些人的名片上往往有許多頭銜，卻看不出實際上是做什麼職業，經歷貌似出色，卻無法在談話中感受到專業之處，或是頭銜跟外表不相符等等，大多在初次接觸時就會察覺到一些怪異之處。

對自己沒有自信的內向者，很容易對這類權威人士失去抵抗力。即使對方說話毫無邏輯，也會認為社經地位高的人不可能亂說話，錯的人應該是自己。然而，如同我在前面所說，世界上沒有什麼成功人士，權威很有可能是靠謊言包裝而成。

真正重要的並不是說話者是誰，而是對方所說的內容。

話雖如此，**我們需要足夠的經驗才能辨別哪些話是謊言，哪些話值得信任**。練習反駁成功人士所說的話，可以培養出對抗權威的力量。**而所謂的練習方法，就是對著電視節目反駁。**電視上的政論節目經常會請評論家針貶時事，聽完他們發言後，請試著提出認同及反對的看法，例如「我同意，因為……」或「我反對，因為……」。

在場沒有第三者會聽到你說的話，可以盡情表達自己的想法。透過評論權威者所說的內容，我們將慢慢培養出不被權威之名欺騙的基礎判斷能力。

除了政論節目以外，美容領域的Youtuber評論，或是時尚評論家的感想等等，也都可以用來當作練習。

習慣⑤ 理解價值的意義

以「共同利益」為核心價值

「這個世界不存在正確解答，而且我們對世界知之甚少，沒有人特別優秀。」如果內向者能夠相信這段話，就能克服缺乏自信的自己嗎？

我想恐怕還是不行。因為內向者與人溝通時，往往除了觀察對方的心情起伏以外，沒有其他能夠推動談話的線索了。

可是講話時一直在察言觀色，等於是把話語主導權交給對方，腦中只是不斷模擬並揣測該說些什麼話才符合對方期待，哪些話會引發不愉快。因此，**內向者在溝通上最大的盲點，就是把對方的心情當成對話的主軸**。

我跟某家公司的企劃曾有過以下對話。

「我每次提出社長應該會喜歡的企劃案都不會通過，但是我以客戶可能的喜好作

為出發點思考企劃時，不僅能順利過關，社長還會給我進一步的建議。」

我們可以從這段話得到很多領悟。

當這位企劃不再以對方開心與否作為考量，而是去評估對方心裡真正追求的事物時，溝通立刻就變得更加順暢。而且過去總是抨擊自己的上司，也變成同一戰線的伙伴，陪他一起思考行銷策略。為什麼會這樣呢？

假如我們以對方的心情當作溝通的重心，談話內容便會以對方的情緒為主軸轉動。但如果改將溝通主軸放在對方追求的事物上，我們就跟對方抱有相同目標，能夠合作思考如何邁向終點。對他來說，比起攻擊你不周全的準備或不夠縝密的想法，和你一起想辦法解決問題對他更有利。

換句話說，**我們真正要做的是找到彼此的共通利益或價值，並以此當成談話重心**。如果能做到這一點，也不必一直戰戰兢兢地迎合別人的臉色。

先從「認識價值」開始做起

當溝通圍繞在雙方的共通價值時，即便不緊張兮兮地察言觀色，也能讓對方感到開心。**我們要利用價值來博得他人歡心，而不是自己。**

就拿美食來說吧。美食具有讓人開心的價值，餐飲店即是為實現這一點而存在。餐飲店不是以正確端出客人腦中的料理取勝，而是透過提供美食讓大家感到滿意。如果能夠提供價值，我們不需要被對方的情緒綁架，仍然可以令目標人物開心。

那要怎麼做才能提供價值呢？

提供價值之前，我們必須先瞭解各種事物本身的價值所在。若不懂何謂美味，又怎麼能夠提供美味的餐食？

然而，就像食物的味道一樣，舉凡打扮、化妝、電影、遊戲等事物，很多內向者無法明確理解其中的好壞之分、價值所在。極端地說，內向者對價值的感受非常遲鈍。這並非因為感受性不強或沒有天分，而是來自長期對自我感知的壓抑。

我們要透過學習，才能認識事物的價值。

例如撲克牌。日本有一種稱為大富豪的玩法（類似台灣的大老二），第一次遊玩時，因為不熟悉遊戲規則，對於要湊齊哪些牌才對自己有利，又該怎麼出招妨礙對手都充滿了疑問，所以第一次玩的人往往不會覺得有趣。可是經過幾次遊玩，漸漸了解遊戲規則、湊牌方式、如何與對手鬥智鬥勇，就會開始感受到這個遊戲的樂趣。我們要經過學習才能了解撲克牌的價值。

在社會上除了撲克牌以外，還有許多事物必須先學習才能夠認識它們的價值精髓。時尚、室內設計、建築、旅行、音樂、舞蹈、藝術、運動……都必須先投入其中，才得以享受這些事物帶來的樂趣。

所以，先從自己感興趣的事物開始，試著去了解各種事物的價值吧。

你的喜歡不是他的喜歡

我們除了享受價值，也可以提供價值。如同有人喜歡享用美食，有人喜歡做出讓他人開心的美食。

對「價值」的認知與提供，是內向者強健自我的關鍵核心，因為所有的價值都有好惡之分。

比如高級餐廳和吉野家，這兩者都能帶來美味的料理，但提供的價值卻不相同。吉野家帶給顧客的是便宜、快速又具有飽足感的美味食物。另一方面，登上米其林指南的高級餐廳則是讓顧客在約三小時的時間裡，慢慢品嚐以深厚技巧和精選食材堆疊而成的料理。

由於兩者提供的價值不一樣，本來就很難拿來比較。喜歡星級餐廳的人多如繁星，但喜歡吉野家牛丼勝過高級餐廳的人想必也絕非少數，覺得去米其林餐廳用餐「太裝模作樣，根本不能好好吃飯」的人比比皆是。

換句話說，不管是推出像高級餐廳的精緻料理或吉野家牛丼，必定都會出現反對的聲音。如果沒有被討厭的勇氣，我們就無法拿出貫徹價值的表現。

那我們該如何在可能被討厭的情況下，堅定傳達自己所要表達的價值呢？

認識價值足以從根本翻轉生活

害怕被討厭的內向者想要學會不怕被討厭的堅強意志，其實不會太難。不需要參加昂貴的自我啟發講座，也不必去瀑布下修行，只要懂得「感受事物的價值」就足夠了。讓我來進一步具體說明。

哪些是好的？哪些是壞的？什麼是好吃？什麼是不好吃？怎樣是可愛？怎樣是不可愛？當身體認知這些價值之後，我們就回不到原來盲從的自己了。一旦心中有了一把丈量價值的尺，每當食物入口的瞬間，我們的大腦就會自動做出判斷，分辨這個味道是屬於好吃還是難吃的範圍。

有趣的是，當我們具備評鑑的能力後，只要遇到良好的體驗時，想要與人分享的心情就會油然而生。好比小時候拿到漂亮的彈珠或畫出滿意的作品，開心到忍不住張揚一樣。

反過來說，遇到糟糕的體驗時，生理上也會自然抗拒。隨著對於價值的認知越深，這種排斥感將越強烈，完全壓制住不想被討厭的心情。假如在會議上聽到一個荒唐的提案，即使害怕說實話破壞氣氛，言行舉止間也會不經意穿幫，無法掩飾的本能反應根本瞞不過別人。

對內向者來說，認識價值具有足以從根本翻轉生活的力量。

而認識價值的方法跟習慣②學習品嚐美味一樣。

透過自己的嘗試與體驗，然後與人分享或是記錄。

我特別建議**從感興趣的事物開始學習理解價值**，例如音樂、電影、時尚……從任何項目著手都沒問題。下面我將以現代藝術為例。

我經常會拿現代藝術家杜象於一九一七年展出的「噴泉」給大家當做作業。這件作品不過是他將自己在傢俱量販店購買的男用小便斗改變擺放方向，然後在上面署名**R.MUTT**以及製作年份而已。但是這件作品在國際間獲得極高評價，最後甚至以超過一億日圓的價格售出。為什麼這件作品能夠如此受關注？它有什麼價值？還是說這件作品被過度吹捧，充其量只是一個垃圾而已？請大家像這樣盡情提出自己的想法，你一定能擁有一段愉快的討論時光。

不是每個人都能擁有不怕被討厭的堅強意志力，但當心裡有更迫切想要傳達的想法時，自然而然就顧及不到是否被討厭了。以更符合人性的健康方式慢慢改變自我，人生才能夠穩穩向前邁進。

試著在穿著上加入個人風格

內向者的穿著標準，往往是配合時機、對象、場合選擇不會突兀的衣物，而非著重在穿出自我風格的打扮。

沒有想穿的衣服、沒有喜歡的品牌、配合周圍的風格來打扮、不想要太顯眼⋯⋯我從內向者身上經常聽到這樣的說法。

我們的確要配合場合選擇不會失禮的打扮。可是配合場合的同時，表現出自我風格也是非常重要的一件事。好萊塢巨星為電影節齊聚一堂時，也是在遵守服裝規定的前提下，分別穿出富有個性的打扮。

即便不是在這種非日常的情境，許多人平時也會透過服裝來展現自身的個性。請大家務必試著在符合時機、對象、場合的範圍內，選擇自己想穿的衣服來展現自我。

我所接觸過的內向者，平日穿著多以實穿、低調為標準。請檢視內心真正的想法，先在腦海中描繪出理想的自己，試著改變從頭到腳的穿搭風格。

改變穿搭並不是要打扮得多時髦搶眼，重點在於「實現理想的自己」。例如一直以來很仰慕某位名人或網紅的穿搭方式，不妨以此為主題挑選服裝，嘗試與平時不一樣的模樣。

為了自己費心穿搭，和為了迎合流行或周遭的人穿衣服截然不同。不僅被稱讚不心虛，也能夠大幅提升自信心。即便穿了不自在或是沒有得到好評，也可以從中了解自己適合的風格，期許有一天能夠成功駕馭喜歡的風格，耐心花時間學習成長吧。

習慣⑥ 別讓金錢成為弱點

培養「經濟獨立」的能力

認清自己的喜好以後，要拒絕或闡述個人意見都容易許多。但這個前提，必須是自己的經濟狀況不會受到影響。

無論是就學時期或出社會，如果我們的經濟大權完全掌控在他人身上，要暢所欲言違逆對方的意見，基本上很難辦到。尤其對內向者而言，在這樣的情況下更容易扼殺自己的想法，在不斷揣測中變回原來那個缺乏自信的自己。

想要不受到他人影響，只能讓自己擁有不容動搖的強大實力。

若你是一位上班族，你需要的是即使被炒魷魚也不怕失業的能力，以及哪怕自行創業也能適用的強韌精神力。例如像文字或交涉能力、統整邏輯這類在哪裡都能派上用場的技能，即是火力相當強大的武器。除此之外，個人在公司內部的風評與受歡迎度，也會成為對抗壓力的堅強後盾。

對務實的內向者來說，具體實績才是讓內心強大安定的基石。當我們擁有了腳踏實地累積的成績，無論換工作或創業都不是問題，在公司也有許多同一陣線的夥伴時，因為沒有後顧之憂，自然就不需要畏縮求全。

這不是一件容易的事，卻是鐵打的真理。假如一個人在公司中的取代性很高，當然沒有辦法暢所欲言，必須看他人臉色迎合做事。

塑造個人品牌

塑造個人品牌就是一種儲存信賴的方式。

比如我們相信去UNIQLO可以用便宜的價格買到高CP值的實穿衣物。另一方面，去LV可以買到上流人士的高級感服飾，而BALENCIAGA則是販售版型寬鬆、充滿街頭感的帥氣衣服。每一家品牌都有自己獨到的風格，消費者本身也非常清楚到這些品牌能買到怎樣的衣服。

慢慢累積這種服務提供者與顧客之間的信賴關係，就是一種品牌行銷。

而打造個人品牌就是增加更多的信賴存款，建立起自己在別人心中的可靠形象。

尤其是在職場上，這個道理非常適用。我們應該**把握到各種場合露臉的機會，告訴大家「我從事這樣的職業」、「我想做這樣的事情」，當面向對方宣傳自己**。不需要業務式的毛遂自薦或熱絡對談，只要告知對方自己的存在就好了，等到工作上需要相關人才時，對方便會想起「那個人好像在做類似的事」，然後主動來找你。

想當然爾，也要將別人交託的工作做出好成績，以實際成果證明自己「不是只會紙上談兵」，慢慢在公司內外樹立個人品牌，讓大家知道有這麼一號人物。

持續堅持，久而久之就能累積旁人的信賴，成功建立自己的個人品牌。

假如周圍的人都願意相信你，就不用害怕長官的考核。畢竟廣受歡迎的人不會輕易垮台，就算被人栽贓陷害，也可以靠自己的人緣給予反擊。而且就算離開公司也能很快找到出路。

不管你是否已經出社會就職，每個人該做的事都一樣。我們要認真面對自己的工作，同時讓外界知道自己的存在，藉此開拓牢固的人生道路。

習慣⑦ 拓展人際關係

心急是整頓人際關係的大忌

透過一項一項落實前面所講述的習慣，或多或少都能慢慢擺脫原本的依賴關係，逐漸找到許多自己想做的事，並開始進行各種挑戰。

當然也有可能因此面臨「想做的事情太多，無法鎖定目標」的狀態。這時請活用習慣②的整理技巧，明確排定優先順序，以自己的步調將人生向前推進。

已經能做到這個程度的人，肯定也不再像以前一樣，永遠以別人為優先。

所以在最後的習慣⑦，就可以進一步拓展人際關係。

不過也不需要操之過急，假如嘗試過後還是無法妥善應付，那就回到習慣①，重新執行現階段能夠做的事情。**請好好花時間，一點一滴調整自己與他人的距離吧。**

嘗試拜託別人一些小事

內向者很常接受別人的請求，卻幾乎不會主動委託別人做事。請試著學習向朋友提出請求。任何請求都可以，比如約朋友去吃飯。**改變被動等人邀請的習慣，請主動邀約自己想見的人。**

剛開始對於要主動開口可能有點抗拒，但請鼓起勇氣嘗試。**這種由自己主動拓展的人脈網，將會是健康而非依賴性的關係。**

此外，也不妨試試主辦餐會等活動。邀請多位友人，打造讓大家盡興的時光。聚會的主辦人需要處理許多行程安排的問題，也必須回應每個人的要求，屬於內向者非常不拿手的領域。然而透過這樣的經驗累積，對於需要實績肯定的內向者而言，絕對有值得嘗試的價值。

試著拒絕別人

不擅長拒絕是內向者最常面臨的問題之一，總是默默承受許多來自他人的請求。

不過，現在也許可以試著說「不」了。即使不拖延時間也能夠自然拒絕。

假設有場不想去的飯局邀約，明明以另有要事為由拒絕，對方仍緊追不捨追問「那你什麼時候有空？」，往常的你可能會認為不答覆對方很沒禮貌，於是提出一個方便的日期，不得已答應對方的邀請。但是，經過許多練習後的你，肯定有辦法自然說出「對不起，我最近真的很忙」。當態度變得堅定後，對方也會知難而退。

想做的事還有很多，時間這麼寶貴沒有空檔浪費。

如果因為拒絕而影響到往後的相處，表示這樣的關係只是表層交際，與其花時間維護不重要的表面關係，去做想做的事情來得要緊多了。

請直接忽視那些「我是為你好」的話語，「這不可能辦到」也是經常出現的台詞，我身邊所有成功創業的人都曾聽過這些批評，就連我本身也沒能倖免。

別人的忠告未必都不管用，但必須仔細聆聽對方所說的話，經過思考後再自行判斷是否值得參考。

即便是主管的請託，沒辦法處理的事依然要懂得拒絕。雖然身處同一個團隊，也不要硬做超過能力範圍的事。

當然如果事關升遷，硬著頭皮接受也是一種選擇。**比起無法拒絕而不甘願接受，為了自己的出路接下大家都不想做的工作，在精神上承受的負擔無法相提並論。**重點不在於結論，而是必須依照自己的意識做出取捨。

「拒絕」永遠是耗神費心的事，這點無論是誰都一樣。我也時常為了推掉工作，花費大半天時間重複修改短短的婉拒訊息，仔細解釋原由以免造成對方不愉快。

拒絕是為了讓自己擁有更充實的人生。我們要學習只接受自己甘願付出的請託，懂得適時拜託別人，更加充分運用有限的寶貴時間。

提出意見彼此交流

遇到雙方意見相左的時候，以前的你可能會認定自己的想法比較差勁，不敢挺身說出個人意見。但是，如今的你經過和朋友彼此分享各種感想，也做過許多反駁權威人士說法的練習，在不知不覺間已經奠定出敢與他人討論想法的基石。

不過**切勿剛愎自用，做出抨擊他人意見的行為，那樣雙方才能順利進行討論。**

假設你的團隊正在執行一項活動企劃，大家對於要邀請誰當嘉賓的意見出現分歧，而你卻不假思索丟出一句「你這個提議不好吧？因為……」，這種回應等同直接否定對方的想法，不僅讓人壓力很大，還有可能承受對方情緒化的回擊。

我建議你可以這樣說：**「你的想法很棒，可是關於○○這部分要怎麼辦呢？」**「關於○○這部分要怎麼辦」這句話可以幫你建立論點明確的立場。凡事都有許多面向，從不同角度切入便會得到不同的看法。

我們的目的是透過「從○○來看會不會有什麼問題？」提出討論，邀請對方和你一起思考解決方案。這樣做的話，既不會攻擊對方的想法，也能正面延續討論內容。

善用社群網站

我曾在習慣①建議大家遠離手機及社群網站，不過經過一段時間的練習，現在你應該有辦法運用社群媒體積極拓展自己的人脈網了。不止是開拓人際關係，社群也可以用來執行對人生有幫助的個人品牌行銷。

第一步可以先試著分享自己平常在做什麼、曾經做過什麼、覺得驕傲的事。

當你要送出某些訊息時，腦海也許會浮現許多人的臉。

可能會忍不住想，這樣說好嗎？會不會得罪誰？不斷產生各種負面想像。生而為人大概很難徹底忽視這些情緒，只不過當我們有明確的前進方向時，這些干擾的雜訊自然而然就會變得模糊。

開始分享資訊後，大概會有很高的機率碰到突然被別人封鎖的情況。總是有些人無法忍受曾經唯唯諾諾的你，現在變得自由快樂的樣子。

儘管發現自己被封鎖是一件很難過的事，但這種關係其實不值得罣礙。真正重視你的人看到你的努力，絕對會打從心底替你高興。

大家可能也會害怕看見批評的留言，或是說錯話而引發軒然大波。但是，除非是知名網紅，否則大概不會遇到這樣的事，一般情況下可以不必管它。

假設有人提出批評，而且你發現自己的確有錯，那事後改正就好了。如果遇到無理取鬧的人請直接封鎖。大家對封鎖的行為或許有些抗拒，但這也是向前走的必要措施，為了守護自己的心靈健康，請果斷封鎖對方吧。

就算真的不小心引起抨擊，只要刪掉該則貼文，大多也是幾天就會平息。

社群平台就是行銷個人品牌的工具。先設定好主題，針對某些特定族群發表內容，也不妨為此另外創立一個專用帳號。請盡量分享資訊，讓你不止在現實生活中有伙伴，在網路世界也有自己的朋友，這樣一來，就有機會學習及認識到更多的人事物。

建立安全基地及探險基地

擁有能夠信賴的伙伴、好友、前輩、老師，將讓我們更有勇氣進行各種挑戰。**無論精神層面多麼獨立自主，仍舊不可能滴水不漏守護心靈。**所有的挑戰都必然伴隨或多或少的挫折，談戀愛、找工作……舉凡是需要付出努力的事，肯定沒有人能一路安然過關。在社會上生活，難免會面臨接踵而來的難關。

如果有人在我們受到傷害時，願意聽自己傾訴，包容、撫慰我們的心靈創傷，那麼他們就是「安全基地」。

面對挑戰的時候也是，如果有人在聽到我們說「我在做這樣的事」、「我想到一個有趣的點子」時能給予支持而不是否定，那他就是我們的「探險基地」。

擁有安全基地與探險基地之後，我們就可以放心接受各種挑戰。

曾過著如履薄冰的生活，害怕給別人造成麻煩的內向者，若能做到獨立自主，一定會在身邊找到上述的盟友。不過，如果內心還處於漂泊不定的狀態，卻勉強尋找能夠成為伙伴的對象，有時反而會演變成一昧的依賴關係而破局收場，所以請耐心花時間和別人培養建立在相互信賴之上的關係。

勇敢說出自己的夢想

很多內向者總是因為找不到想做的事，對自己沒有信心。但其實很多情況下，卻是**以「找不到想做的事」來掩蓋「想做卻沒有自信」的心態**。

一旦卸下心中的藩籬，自然就會發現許多想去做、想去嘗試的事情。別說不知道想做什麼了，最後甚至會因為想做的事情太多而嫌時間不夠用。

就拿「自我實現」來說吧。自我實現是形容「成為理想中的自己」或「實現夢想」的階段性狀態。

自我實現可以透過穿著喜歡的服飾、到各地旅行、享受美食等物質消費的模式，以及從事想做的職業，以工作實現夢想的方式達成目標。當我們想要實現這兩種狀態時，真的會覺得時間永遠太少。尤其是想透過工作來實現自我理想的人，不管有再多的時間都不夠。

在我的線上課程裡，有一位女性的興趣是寫小說，我覺得她很有天份，於是問她要不要朝成為職業作家努力，可是當時她回答說「我哪有這麼厲害」。後來經過多次寫作練習，她的文章品質漸漸提升，也開始覺得自己好像有能力挑戰當職業作家，便私下問我：「我想成為職業作家，應該怎麼做才好呢？」這真的是非常大的進步，我也願意全力給予支持。

和別人分享夢想確實需要勇氣。

回想過去的人生，是否曾有過被人嘲笑夢想的經驗。這些曾經受過的傷害，或許就是造成我們壓抑人生，養成內向者性格的原因。

能夠和身邊的人侃侃談論夢想，表示已經擺脫對他人眼光的束縛。

敢和別人分享夢想就是內向者的畢業證書，你的未來將開啟無限的可能。

我有一位在柬埔寨救援雛妓的女性朋友。以前她在學時就立志要解決柬埔寨的兒童賣春問題，當時很多人因此訕笑她「妳想解決這個問題還早一百年呢」，沒想到結果並非如此。她成功爭取到許多國際組織的協助，讓這個陳年的問題在十多年內有了明顯的改善。

述說自己的夢想，就是邁向巨大可能性的第一步。

結語

剛開始著手構思這本書時，原先是想寫給在公開場合演說或是與上位者溝通時，「腦袋總是一片空白」的人，統整改善怯場毛病的方法。可是開始動筆之後，我發現我們更需要探討的，其實是潛藏在心理層面的真正問題。

解決怯場毛病並不難，藉由簡單的訓練就有辦法改善，坊間也有許多相關書籍可參考。如果真有需要，也可以求助口才訓練講座來協助矯正，有許多明確的方法都可以幫助克服怯場的心態。

然而，這些年實際見過許多內向者面臨的困境後，我覺得這群腦袋容易變得一片空白的人所缺乏的，並非具體的口才訓練。我幾乎天天都會見到具有內向者性格的人，因為無法拒絕他人而身心俱疲的模樣。可是，市面上卻沒有任何書籍為此解惑，以往大家所知的自我啟發法並不適用這樣的情況。

於是我捨棄原本討論怯場的主題，將我和諮詢者之間的磨合過程重新系統化。

當我再次提筆編寫內容時，我發現這個問題其實包含了怯場、高敏感、依戀障礙、自我啟發等層面在內，意外比想像中還要複雜難解。翻閱越多的相關資料，甚至會發現專家的意見彼此對立。這是我從事這份工作超過十年以來，第一次碰到的經驗。

不過，雖然經過一番苦戰，最後依然順利整理出內向者也有足夠的能力去實踐，非常精簡化的方法，因此我希望盡可能把本書的內容介紹給更多內向者知道。

最後，我要感謝邀請我寫作本書的編輯枝久保英里小姐。枝久保小姐本身也有內向者傾向，她將本書視為解決自身問題之道，從企劃階段就耐心十足地陪我討論，為我提供許多幫助。

我還要在此感謝於草稿階段陪我討論、提供看法的課程學員，以及在網站上提供各種資訊的讀者朋友，還有平時願意找我諮詢的客戶們。

另外還要深深感謝大方接受邀訪的湊朱音小姐鼎力相助。

蔭山洋介

台灣廣廈 國際出版集團
Taiwan Mansion International Group

國家圖書館出版品預行編目（CIP）資料

安靜，也可以很有感染力：不必能言善道，也能精準溝通、發揮影響力 / 蔭山洋介著；鍾雅茜翻譯. -- 初版. -- 新北市：財經傳訊, 2023.01
面；　公分
ISBN 978-626-7197-07-3(平裝)
1.CST: 說話藝術　2.CST: 溝通技巧　3.CST: 成功法

192.32　　111017879

財經傳訊
TIME & MONEY

安靜，也可以很有感染力

不必能言善道，也能精準溝通、發揮影響力

作　　者／蔭山洋介
譯　　者／鍾雅茜

編輯中心編輯長／張秀環・**編輯**／蔡沐晨
封面設計／曾詩涵・**內頁排版**／菩薩蠻數位文化有限公司
製版・印刷・裝訂／東豪・弼聖・秉成

行企研發中心總監／陳冠蒨
媒體公關組／陳柔彣
綜合業務組／何欣穎

線上學習中心總監／陳冠蒨
產品企製組／顏佑婷

發 行 人／江媛珍
法律顧問／第一國際法律事務所 余淑杏律師・北辰著作權事務所 蕭雄淋律師
出　　版／財經傳訊
發　　行／台灣廣廈有聲圖書有限公司
地址：新北市235中和區中山路二段359巷7號2樓
電話：（886）2-2225-5777・傳真：（886）2-2225-8052

代理印務・全球總經銷／知遠文化事業有限公司
地址：新北市222深坑區北深路三段155巷25號5樓
電話：（886）2-2664-8800・傳真：（886）2-2664-8801
郵政劃撥／劃撥帳號：18836722
劃撥戶名：知遠文化事業有限公司（※單次購書金額未達1000元，請另付70元郵資。）

■出版日期：2023年01月
ISBN：978-626-7197-07-3